Russisch als dritte Fremdsprache

Конечно! 1

Интенсивный курс

Grammatisches Beiheft

von
Ulf Borgwardt

Ernst Klett Verlag
Stuttgart • Leipzig

Vorwort

So arbeite ich mit dem Grammatischen Beiheft

Im *Grammatischen Beiheft* kannst du nachschlagen,

- wenn du Hausaufgaben machst,
- wenn du Versäumtes nachholen oder Vergessenes auffrischen willst,
- wenn du dich auf Tests oder Klassenarbeiten vorbereiten willst,
- wenn du nach einer bestimmten Wortform suchst.

Wie finde ich mich in meinem *Grammatischen Beiheft* zurecht?

- Im Inhaltsverzeichnis findest du die Lernstoffe nach den Lektionen des Schülerbuchs gegliedert.
- Suchst du eine bestimmte Information, hilft dir das Stichwortverzeichnis, den richtigen Paragrafen zu finden.

Wie sind die Themen im *Grammatischen Beiheft* aufgebaut?

- Das Beiheft gliedert sich in Paragrafen, die jeweils ein neues grammatisches Thema behandeln.
- Die Paragrafen führen dich vom Bekannten (**W**) zum Unbekannten (**NEU**).
- Der neue Lernstoff wird durch Regeln, Übersichten und Beispiele mit Übersetzungen erklärt.
- Die Warndreiecke ⚠ weisen dich auf Fehlergefahren hin.
- Merkzettel und Tipps von Mischka erleichtern dir das Einprägen.
- In den Testaufgaben am Ende jeder Lektion kannst du überprüfen, ob du alles verstanden hast und deine Ergebnisse mit dem Lösungsschlüssel am Ende des Beiheftes vergleichen.

Was kann ich tun, wenn ich im *Grammatischen Beiheft* etwas nicht verstehe?

- Verstehst du einen grammatischen Fachbegriff nicht, schlage im Stichwortverzeichnis nach.
- Verstehst du eine Erklärung nicht, sieh dir die Beispiele an und vergleiche sie mit der Erklärung.
- Konzentriere dich bei den Beispielen auf die Hervorhebungen.

Was kann ich tun, um mir die Grammatik aus dem *Beiheft* gut zu merken?

- Bau dir eine Eselsbrücke als Merkhilfe, denn gut gereimt ist halb gelernt.
- Mach dir die Information noch einmal klar, indem du sie mit eigenen Worten formulierst.
- Präge dir die Wortformen und -strukturen durch lautes Vorsprechen ein.
- Lass dich abfragen.
- Schreibe den Merkstoff auf ein Poster und vergleiche ihn mit dem im *Beiheft*.
- Hänge das Poster mit dem Lernstoff solange gut sichtbar auf, bis du ihn kannst.
- Schreibe dir schwierige Wortformen auf die Rückseite kleiner Kärtchen. Notiere auf der Vorderseite den Nominativ oder Infinitiv. Dann kannst du auch unterwegs lernen.
- Frage deine Mitschüler, wie sie lernen. Probiere es auch einmal so.
- Präge dir schwierige grammatische Themen bei Lernspielen, z. B. beim Memory, ein.

Abkürzungen und Symbole

W	Wiederholung	m.	maskulin	Nom.	Nominativ
NEU	Neues Thema	f.	feminin	Gen.	Genitiv
R 7	Regel	n.	neutral	Dat.	Dativ
⚠	Beachte!	Sg.	Singular	Akk.	Akkusativ
		Pl.	Plural	Instr.	Instrumental
		Pers.	Person	Präp.	Präpositiv
				uv.	unvollendeter Aspekt
				vo.	vollendeter Aspekt

Das russische Alphabet

Druck-schrift	Schreib-schrift	Buchstaben-name	deutsche Entsprechung	Aussprache etwa wie in
А, а	*А, а*	а	a	*betont:* B**a**hn *unbetont:* k**a**nn, Berg**e**
Б, б	*Б, б*	бэ	b	*hart:* **B**ad; weich: **Bi**anca
В, в	*В, в*	вэ	w	*hart:* **w**as, weich: Pa**vi**ane
Г, г	*Г, г*	гэ	g	*hart:* **G**arten; *weich:* Re**gi**on
Д, д	*Д, д*	дэ	d	*hart:* **d**och; *weich:* Ra**di**o
Е, е	*Е, е*	е	je e *nach Konsonant*	*betont:* **je**ne, **je**tzt; *unbetont:* **ji**ddisch *betont:* B**e**tt, B**ee**t; *unbetont:* b**i**tte
Ё, ё	*Ё, ё*	ё	jo o *nach Zischlaut*	*nur betont:* **Jo**chen Gorbatsch**o**w
Ж, ж	*Ж, ж*	жэ	sh *immer stimmhaft*	*nur hart:* Eta**g**e
З, з	*З, з*	зэ	s *immer stimmhaft*	*hart:* **S**ohn; *weich:* Exkur**si**on
И, и	*И, и*	и	i	**I**gel; *unbetont:* b**i**tte
Й, й	*Й, й*	и кра́ткое	j	Jun**i**or, Ma**i**
К, к	*К, к*	ка	k	*hart:* **K**och; *weich:* Ban**ki**er
Л, л	*Л, л*	эл	l	*hart:* we**ll** *(engl.)*; *weich:* **Li**lie
М, м	*М, м*	эм	m	*hart:* **M**eer; *weich:* Mu**mi**e
Н, н	*Н, н*	эн	n	*hart:* **N**ame; *weich:* **ni**e
О, о	*О, о*	о	o	*betont:*T**o**chter; *unbetont:* k**a**nn
П, п	*П, п*	пэ	p	*hart:* **P**apa; *weich:* Olym**pi**ade
Р, р	*Р, р*	эр	r	*hart:* **R**asen; *weich:* O**ri**ent
С, с	*С, с*	эс	ss *immer stimmlos*	*hart:* Pa**ss**; *weich:* Disku**ssi**on
Т, т	*Т, т*	тэ	t	*hart:* **T**ante; *weich:* An**tje**
У, у	*У, у*	у	u	*betont:* **U**hu; *unbetont:* Uh**u**
Ф, ф	*Ф, ф*	эф	f	*hart:* **F**oto; *weich:* **Fi**eber
Х, х	*Х, х*	ха	ch	*hart:* a**ch**; *weich:* i**ch**
Ц, ц	*Ц, ц*	цэ	z	*nur hart:* **Z**ahn
Ч, ч	*Ч, ч*	че	tsch	*nur weich:* Deu**tsch**e
Ш, ш	*Ш, ш*	ша	sch	*nur hart:* Mi**sch**ka
Щ, щ	*Щ, щ*	ща	sch(t)sch	*nur weich, wie langes sch:* Fri**sch-Sch**inken
ъ	*ъ*	твёрдый знак	–	*kein selbstständiger Laut, vorheriger Konsonant wird hart ausgesprochen*
ы	*ы*	ы	y	*ähnlich wie in Wirt, mit breitem Mund ausgesprochen; nie am Wortanfang*
ь	*ь*	мя́гкий знак	–	*kein selbstständiger Laut, vorheriger Konsonant wird weich ausgesprochen*
Э, э	*Э, э*	э	ä e	*betont:* **Ä**rger *betont:* **E**thik; *unbetont:* b**i**tte, d**ü**nn
Ю, ю	*Ю, ю*	ю	ju (j)u *nach Konsonant*	*betont:* **Ju**ni; *unbetont:* **Ju**wel *betont:* L(j)**u**ba; *unbetont:* Uh**u**
Я, я	*Я, я*	я	ja a *nach Konsonant*	*betont:* **Ja**hr; *unbetont:* **j** + kurzes **i** *betont:* tj**a**; *unbetont:* kurzes **i** in b**i**tte

Кафе́ «Плане́та»

§ 1 Das Geschlecht der Substantive

W In vielen Sprachen erkennst du das Geschlecht (Genus) der Substantive am Artikel:

	🇩🇪	🇫🇷
maskulin	der	le/l'
feminin	die	la/l'
neutral	das	

NEU Das Russische kennt zwar **keinen Artikel**, aber die Substantive sind ebenfalls maskulin, neutral oder feminin. Das Genus zeigen – wie im Lateinischen – die **Endungen** der Substantive.

R 1 Du erkennst das Genus der russischen Substantive in der Regel an der **Endung** im **Nominativ Singular**. Maskulina haben normalerweise **keine Endung**, d. h., der Auslaut ist ein Konsonant. Neutra enden meist auf -o, Feminina überwiegend auf -a.
Das Genus stimmt bei russischen und deutschen Substantiven **nicht immer** überein.

Deklination	Genus	Endung	Beispiel	
I. Deklination	maskulin	keine Endung	сосе́д учи́тель чай	der Nachbar der Lehrer der Tee
	neutral	-о -е	у́тро кафе́	**der** Morgen das Café
II. Deklination	feminin	-а -я	учи́тельница иде́я	die Lehrerin die Idee

Bei russischen Substantiven musst du zusätzlich zwischen **hartem** und **weichem** Stammauslaut unterscheiden. Bei den Maskulina erkennst du den weichen Auslaut am -ь und -й. Die Neutra auf weichen Stammauslaut enden auf -е, die entsprechenden Feminina auf -я.

⚠ Das Substantiv ко́фе bildet eine Ausnahme, es ist **maskulin**.

⚠ Für das Geschlecht bei Personen ist nicht die Endung des Substantivs, sondern das **natürliche Geschlecht** entscheidend, z. B. па́па, У́ве (Maskulina); Ка́трин, А́нтье (Feminina).

⚠ Für männliche und weibliche Personen gibt es manchmal nur **eine** Form, z. B. касси́р – *Kassierer(in)*, инжене́р – *Ingenieur(in)*.

Merke dir bei Substantiven auf -ь immer das Geschlecht, da sie maskulin (z. B. календа́рь) oder feminin (z. B. Сиби́рь) sein können.

§ 2 Die Grundzahlen 1–10

1 оди́н	**2 два**	**3 три**	**4 четы́ре**	**5 пять**
6 шесть	**7 семь**	**8 во́семь**	**9 де́вять**	**10 де́сять**

Präge dir die Grundzahlen von 1–10 gut ein.

⚠ Beim Durchzählen wird **оди́н** oft durch **раз** ersetzt: раз, два, три.

⚠ In во́семь, де́вять, де́сять werden unbetontes **-е-** und **-я-** als sehr kurzes [и] gesprochen.

§ 3 Der Nominativ Plural der Substantive

W Du weißt, dass es im Deutschen vier Fälle (Kasus) gibt: **Nominativ**, **Genitiv**, **Dativ** und **Akkusativ**.

NEU Im Russischen gibt es sechs Kasus: **Nominativ**, **Genitiv**, **Dativ**, **Akkusativ**, **Instrumental** und **Präpositiv**.
Nach dem Nominativ fragst du wie im Deutschen mit кто? – *wer?* (nach Personen und Tieren) oder что? – *was?* (nach unbelebten Gegenständen).

Nom.		maskulin	feminin		maskulin	neutral	feminin
Sg.	кто?	тури́ст	ма́ма	что?	журна́л	письмо́	газе́та
Pl.	кто?	тури́сты	ма́мы	что?	журна́лы	пи́сьма	газе́ты

R2 Im **Nominativ Plural** wird an den Stamm der Maskulina und Feminina ein **-ы** angehängt. Neutra enden im Nominativ Plural auf **-а**.

Nach **г**, **к**, **х** das **-ы** steht nie, hier schreibe immer nur das **-и**: кни́г**и**, матрёшк**и**, балала́йк**и**.

⚠ Bei maskulinen und femininen Substantiven mit **weichem** Stammauslaut endet der Nominativ Plural auf **-и**, z. B. календа́рь → календари́, чай → чаи́, иде́я → иде́и.
Neutrale Substantive haben die weiche Endung **-я**.

⚠ Im Russischen gibt es eine Gruppe von Substantiven, die **unveränderlich** (nicht deklinierbar) sind. Dazu gehören viele Internationalismen auf **-о** oder **-е**, z. B. бюро́, капучи́но, кино́, метро́, ра́дио, фо́то, пюре́, кафе́, aber auch Neutra und Pluralwörter auf **-и**, z. B. такси́, спаге́тти.

§ 4 Die Wortbetonung

письмó (Nom. Sg.) – пи́сьма (Nom. Pl.)

R3 Im Russischen kann die Betonung eines Wortes auf **jeder** Silbe liegen. Sie kann bei allen Deklinationsformen gleich bleiben, manchmal aber auch wechseln. Die betonte Silbe in mehrsilbigen Wörtern wird nur in Lehrbüchern und Nachschlagewerken durch ein **Betonungszeichen** gekennzeichnet.

⚠ Der Buchstabe **ё** (z. B. матрёшка) ist immer betont.

Lerne bei jedem neuen Wort die Betonung mit.

§ 5 Fragen stellen (1)

W Du kannst Fragen von Aussagesätzen mithilfe von Wortstellung, Satzmelodie und Zeichensetzung unterscheiden. Wie in anderen Sprachen gibt es auch im Russischen Entscheidungs- und Ergänzungsfragen.

1. Eine Entscheidungsfrage ist eine Frage ohne Fragewort. Du kannst sie mit да oder нет beantworten.

Intonation (Satzmelodie)											
Fragesatz	Это	всё?	Ist	das	alles?	That	's	all?	C'	est	tout?
Wortstellung	1	2	1	2	3	1	2	3	1	2	3
Intonation (Satzmelodie)											
Aussagesatz	Это	всё.	Das	ist	alles.	That	's	all.	C'	est	tout.
Wortstellung	1	2	2	1	3	1	2	3	1	2	3

R4 Entscheidungsfrage und Aussagesatz stimmen im Russischen – anders als im Deutschen – in der **Wortstellung** überein. Sie unterscheiden sich nur durch die **Intonation** und die **Zeichensetzung** (Fragezeichen bzw. Punkt). Bei dem Wort, nach dem in der Entscheidungsfrage gefragt wird, wird die Stimme gehoben. Am Ende der Frage wird sie gesenkt.

2. Eine Ergänzungsfrage ist eine Frage mit Fragewort. Sie wird durch eine Information ergänzt.

Intonation (Satzmelodie)					
	Кто	э́то?		Э́то	На́стя.
	Wer	ist das?		Das ist	Nastja.
Intonation (Satzmelodie)					
	Как	тебя́	зову́т?	Меня́ зову́т Ко́стя.	
Wortstellung	1	2	3		
	Wie	heißt	du?	Ich heiße Kostja.	
Wortstellung	1	3	2		

R5 Das Fragewort leitet die Ergänzungsfrage gewöhnlich ein. Es kann im Russischen auch nachgestellt werden, z. B.: Э́то кто? Die betonte Silbe des hervorgehobenen Wortes wird verstärkt. Am Ende der Frage wird die Stimme leicht gesenkt.

§ 6 Die Personalpronomen (Nominativ)

W Du weißt, dass du mit den Personalpronomen der 3. Person Singular (*er*/ *sie*/ *es*) und Plural (*sie*) Substantive ersetzen und so Wiederholungen vermeiden kannst.

	Singular		Plural	
1. Person	я	ich	мы	wir
2. Person	ты	du	вы	ihr/Sie
3. Person	он/она́/оно́	er/sie/es	они́	sie

R6 Stimmt das Geschlecht im Russischen und Deutschen **nicht** überein, wird das Substantiv in beiden Sprachen durch unterschiedliche Pronomen ersetzt, z. B. журна́л → он (*die Zeitschrift* → *sie*), письмо́ → оно́ (*der Brief* → *er*), кни́га → она́ (*das Buch* → *es*).

⚠ Wie im Englischen (you) und Französischen (vous) verwendet man im Russischen die **2. Person Plural** (вы) auch als Höflichkeitsform. Und wie im Deutschen schreibt man вы – *Sie* als höfliche Anrede in Briefen groß.

§ 7 Die Wiedergabe von *sein* (Präsens)

W Du weißt, dass das Verb *sein* im Deutschen, Englischen und Französischen im Präsens als Hilfs- und Vollverb verwendet wird.

Я Еле́на.	Ты Ири́на?	Кто э́то?	Э́то Макси́м и Ли́за.	Где вы?
Ich *bin* Elena.	*Bist* du Irina?	Wer *ist* das?	Das *sind* Maxim und Lisa.	Wo *seid* ihr?

R7 Anders als im Deutschen, Englischen und Französischen **lässt man** die Präsensformen von *sein* im Russischen **weg**.

Всё поня́тно?

1 Übersetze.

а) Bist du das, Tanja?
б) Ja, das bin ich.
в) Und das sind Mama und Papa.
г) Mama ist Lehrerin.
д) Papa ist Lehrer.
е) Wo seid ihr?
ж) Wer sind sie?
з) Was ist dort?

2 Achte auf das Geschlecht. Welches Substantiv gehört nicht in die Reihe? Warum?

а) рестора́н, квас, чай, сала́т, борщ, гуля́ш, Ка́трин, Ви́ктор
б) ма́ма, па́па, сосе́дка, И́ра, Мари́я, однокла́ссница, иде́я, пи́цца
в) у́тро, метро́, кафе́, ра́дио, ко́фе, ма́сло, я́блоко, кино́, пюре́
г) Ма́ша, Ми́ша, А́ня, Ли́за, Ма́рион, Ульри́ке, Та́ня, Ле́на

3 Lies die Sportergebnisse vor. **Tipp:** Der Doppelpunkt wird nicht gesprochen.

3:2 | 4:2 | 1:2 | 6:3
9:8 | 10:5 | 7:7 | 5:4

4 а) Bilde die Pluralformen der folgenden Wörter und ordne sie nach ihren Endungen.

календа́рь | ка́рта | сок | письмо́ | газе́та | текст
рюкза́к | пробле́ма | ра́дио | компью́тер | кни́га

б) Erkläre die unterschiedlichen Bildungsweisen des Nominativ Plural.

5 Übertrage die Tabelle in dein Heft. Ordne folgende Wörter nach ihrer Betonung auf der 1. bis 4. Silbe: Владивосток, мама, мороженое, Новосибирск, очень, самовар, соседка, сувениры, футбол, хорошо, это.

1. Silbe	2. Silbe	3. Silbe	4. Silbe

6 Stelle Fragen.

а) Du möchtest wissen, wie dein Gesprächspartner heißt.
б) Du möchtest wissen, ob dein Gesprächspartner Viktor ist.
в) Du fragst, wer Nastja ist.
г) Du interessierst dich dafür, wo Ira ist.
д) Du fragst, ob das Kwass ist.

7 а) Ersetze die Substantive durch ein Personalpronomen:
уро́к, я́блоко, кни́га, журна́л, Интерне́т, систе́ма, моби́льник, сувени́р, такси́.

б) Wende dich mit den Fragen an mehrere Personen. Beachte, dass sich außer den Pronomen auch die Substantive verändern.

Кто ты? | Где я? | Он то́же там? | Где она́? | Ты тури́ст? | Она́ сосе́дка?

▶ Die Lösungen findest du auf Seite 73.

Шко́ла № 3

§ 8 Der Infinitiv

W Du weißt, dass der Infinitiv die Grundform eines Verbs ist.

NEU Du erkennst den Infinitiv an der Endung **-ть** (чита́ть) oder (seltener) **-ти** (идти́).

Infinitiv	Stamm	Endung	
чита́ть	чита́-	**-ть**	lesen
идти́	ид-	**-ти**	gehen

R 1 Verben mit dem Infinitivstamm auf Vokal bilden den Infinitiv auf **-ть**,
Verben mit dem Stamm auf Konsonanten bilden den Infinitiv auf betontes **-ти́**.

§ 9 Die e-Konjugation (Präsens)

W Du weißt, dass Verben konjugiert werden und ihre Personalformen unterschiedlich sein können.

NEU Im Russischen gibt es zwei Konjugationen, die **e-Konjugation** und die **и-Konjugation**.
Sie unterscheiden sich durch den Vokal in der Endung der konjugierten Formen.
Du lernst zuerst die **e-Konjugation** kennen.

		stammbetont		endbetont	
		чита́**ть**	**lesen**	**идти́**	**gehen**
Singular	я	чита́ **ю**	ich lese	ид **у́**	ich gehe
	ты	чита́ **ешь**	du liest	ид **ёшь**	du gehst
	он/она́/оно́	чита́ **ет**	er/sie/es liest	ид **ёт**	er/sie/es geht
Plural	мы	чита́ **ем**	wir lesen	ид **ём**	wir gehen
	вы	чита́ **ете**	ihr lest/Sie lesen	ид **ёте**	ihr geht/Sie gehen
	они́	чита́ **ют**	sie lesen	ид **у́т**	sie gehen

⚠ Das Verb чита́ть dient als Muster für viele Verben auf **-ать**, z. B. де́л**ать**, зн**ать**, игр**а́ть**, рабо́т**ать**.

R2 Die Verben der **e-Konjugation** erkennst du am Vokal **-е-** (unbetont) oder **-ё-** (betont) in der Endung der meisten Personalformen. Ist der Stammauslaut ein Vokal, lauten die Endungen in der 1. Person Singular und der 3. Person Plural **-ю**/**-ют**. Nach Konsonanten stehen gewöhnlich **-у**/**-ут**.

Lerne die Muster der **e-Konjugation** auswendig! Präge dir bei neuen Verben neben dem Infinitiv immer auch die **1.** und **2. Person Singular** sowie die **3. Person Plural** ein: игра́**ть** → игра́**ю**, игра́**ешь**, игра́**ют**. Davon kannst du alle anderen Präsensformen ableiten.

§ 10 Fragen stellen (2)

W Du weißt, wie sich Entscheidungs- und Ergänzungsfragen unterscheiden.

NEU Jetzt lernst du eine Besonderheit bei der Wortstellung in Ergänzungsfragen kennen.

Fragewort	Prädikat	Subjekt (Substantiv)	Fragewort	Subjekt (Pronomen)	Prädikat
Что	де́лает	**Макси́м?**	Что	**он**	де́лает?
Was	macht	**Maxim**?	Was	macht	**er**?

R3 Ist das Subjekt in einer Ergänzungsfrage ein Substantiv, steht es **nach** dem Prädikat. Ist das Subjekt ein Personalpronomen, steht es **vor** dem Prädikat.

§ 11 Die и-Konjugation (Präsens)

NEU Jetzt lernst du die **и-Konjugation** kennen. Vergleiche die Endungen mit der **e-Konjugation** (§ 9).

		говори́**ть**	**sprechen**	учи́**ть**	**lernen**
Singular	я	говор **ю́**	ich spreche	уч **у́**	ich lerne
	ты	говор **и́шь**	du sprichst	у́ч **ишь**	du lernst
	он/она́/оно́	говор **и́т**	er/sie/es spricht	у́ч **ит**	er/sie/es lernt
Plural	мы	говор **и́м**	wir sprechen	у́ч **им**	wir lernen
	вы	говор **и́те**	ihr sprecht/Sie sprechen	у́ч **ите**	ihr lernt/Sie lernen
	они́	говор **я́т**	sie sprechen	у́ч **ат**	sie lernen

⚠ Orientiere dich am Verb говори́ть als Muster für alle mehrsilbigen Verben auf **-ить**.

> **R4** Die Verben der **и-Konjugation** erkennst du am Vokal **-и-** in der Endung der meisten Personalformen. Die Endungen der 1. Person Singular und der 3. Person Plural lauten **-ю** bzw. **-ят**. Endet der Präsensstamm auf einen Zischlaut (**ж, ч, ш, щ**), stehen **-у** bzw. **-ат**.

⚠ Verben mit den Infinitiven auf **-еть** (z. B. смотр**е́ть**) und **-ять** (z. B. сто**я́ть**) werden ebenfalls nach der **и-Konjugation** konjugiert.

> Nach **Zischlaut** schreibe **-и, -у, -а** und immer **-и** nach **г, к, х.**

§ 12 Besonderheiten der Konjugation

NEU Bei der Konjugation einiger Verben erfolgt ein **Konsonantenwechsel**. Manchmal wechselt zusätzlich die **Betonung**.

> писа́ть (**с** → **ш**):
>
> я пи**ш**у́ (Konsonantenwechsel), ты пи́**ш**ешь (Betonungswechsel), они́ пи́**ш**ут
>
> **R5** Bei Verben der **e-Konjugation** auf **-ать**/**-ять** tritt der Konsonantenwechsel in der Regel in **allen Personen** auf.

Häufiger als bei der **e-Konjugation** findest du einen Konsonantenwechsel bei Verben der **и-Konjugation**.

> си**д**е́ть (**д** → **ж**): я си**ж**у́ (Konsonantenwechsel), ты сиди́шь, они́ сидя́т
>
> лю**б**и́ть (**б** → **бл**): я лю**бл**ю́ (**л**-Einschub), ты лю́**б**ишь (Betonungswechsel), они́ лю́**б**ят
>
> **R6** Bei Verben der **и-Konjugation** auf **-ить**/**-еть** tritt der Konsonantenwechsel nur in der **1. Person** Singular auf, z. B. als Wechsel von **д** → **ж** oder als **л**-Einschub.

Für den Konsonantenwechsel gelten folgende Regeln:

г, д, з → ж
к → ч
т → ч, щ
с, х → ш
ск, ст → щ
б → бл
п → пл
в → вл

§ 13 Der Präpositiv Singular der Substantive

W Du weißt, dass es im Russischen sechs Kasus gibt.

NEU Du lernst jetzt den 6. Fall kennen, den **Präpositiv**. Er steht immer mit einer Präposition.

1. Nach einem Substantiv im Präpositiv fragst du mit о ком? – *über wen?* oder о чём? – *worüber?*

		maskulin	feminin		maskulin	neutral	feminin
Nom.	кто?	учи́тел**ь**	учени́ц**а**	что?	журна́л	письм**о́**	газе́т**а**
Präp.	о ком?	об учи́тел**е**	об учени́ц**е**	о чём?	о журна́л**е**	о письм**е́**	о газе́т**е**

⚠ Vor einem Vokal wird die Präpositon **о** zu **об** erweitert, das erleichtert die Aussprache.

⚠ Die Präposition **о** wird nicht immer mit *über* übersetzt, ду́мать **о** kann z.B. auch *denken **an*** bedeuten.

Lerne Verben – wie im Englischen und Französischen – immer mit der dazugehörigen Präposition.

2. Auch bei Ortsangaben verwendest du den Präpositiv. Auf die Frage где? – *wo?* steht das Substantiv nach den Präpositionen **в** und **на** im Präpositiv.

		maskulin	neutral	feminin
Nom.		уро́к	письм**о́**	шко́л**а**
Präp.	где?	на уро́к**е**	в письм**е́**	в шко́л**е**

где?
в/на → **-е**

R 7 Der Präpositiv ist der einzige Fall, der immer mit einer **Präposition** steht. Er endet in allen drei Geschlechtern in der Regel auf **-е**.

⚠ Die Präposition **в** wird mit dem folgenden Substantiv zusammen ausgesprochen, z. B. [в]: **в‿г**азе́те, [ф]: **в‿п**исьме́. Achte darauf, dass das stimmhafte **в** vor stimmlosen Konsonanten als [ф] gesprochen wird.

⚠ Der Gebrauch von **в** und **на** stimmt nicht immer mit der deutschen Bedeutung *in, im* bzw. *auf* überein: **в** шко́ле – *in der Schule*, **на** уро́ке – *im Unterricht*.

Präge dir Ortsangaben, die mit einer anderen Präposition als im Deutschen stehen, immer als Wortgruppe ein.

на уро́ке
на конце́рте
на стадио́не
на дискоте́ке

на трениро́вке
на Кавка́зе
на Ура́ле
на Во́лге

§ 14 Der Akkusativ Singular der Substantive (1)

W Du weißt, dass man nach dem Akkusativobjekt mit *wen?* oder *was?* fragt.

NEU Du lernst, wie man den Akkusativ **unbelebter** Substantive bildet.
Unbelebt sind alle Substantive, die keine Personen und Tiere bezeichnen.

1. Nach dem **unbelebten** Akkusativobjekt fragst du mit **что?** – *was?*

		maskulin	neutral	feminin
Nom.	что?	журна́л	письмо́	газе́та
Akk.	что?	журна́л	письмо́	газе́ту

2. Den Akkusativ verwendest du auch bei Richtungsangaben.
Auf die Frage куда́? – *wohin?* steht das Substantiv nach den Präpositionen **в** und **на** im Akkusativ.

		maskulin	neutral	feminin
Nom.		уро́к	окно́	шко́ла
Akk.	куда́?	на уро́к	в окно́	в шко́лу

R8 Der Akkusativ der unbelebten Maskulina und Neutra stimmt mit dem Nominativ überein. Bei den Feminina wird aus der Nominativendung **-а** im Akkusativ ein **-у**.

⚠ Bei дискоте́ка können beide Präpositionen verwendet werden: **на** дискоте́к**у** – *in die Diskothek* (Veranstaltung), **в** дискоте́к**у** – *in die Diskothek* (Gebäude).

§ 15 Die Verneinung (1)

NEU Du lernst jetzt, wie du im Russischen etwas verneinen kannst.

Макси́м чита́ет? – **Нет.** Liest Maxim? – **Nein.**

R9 Entscheidungsfragen kannst du – genau wie im Deutschen – mit **нет** – *nein* beantworten.

Vergleiche mit dem Deutschen und beachte, dass sich durch die Stellung des **verneinenden** Wortes der Sinn der Aussage verändert.

Макси́м **не** чита́ет, он пи́шет e-mail.
Maxim liest **nicht**, er schreibt eine E-Mail.

Не Макси́м чита́ет, а Ви́ктор.
Nicht Maxim liest, sondern Viktor.

R10 Die Satzaussage verneinst du, indem du **не** direkt vor das **Prädikat** setzt. Willst du nur einen Teil der Aussage verneinen, setzt du **не** direkt vor das **zu verneinende Wort**.

§ 16 Die Ordnungszahlen 1–10

W Du kennst die russischen Grundzahlen 1–10 (§ 2).

NEU Jetzt lernst du die Ordnungszahlen kennen.

1 оди́н	**1.** пе́р**вый**
2 два	**2.** втор**о́й**
3 три	**3.** тре́т**ий**
4 четы́ре	**4.** четвёрт**ый**
5 пять	**5.** пя́т**ый**

6 шесть	**6.** шест**о́й**
7 семь	**7.** седьм**о́й**
8 во́семь	**8.** восьм**о́й**
9 де́вять	**9.** девя́т**ый**
10 де́сять	**10.** деся́т**ый**

R 11 Die russischen Ordnungszahlen stimmen mit dem Substantiv, auf das sie sich beziehen, in Genus, Kasus und Numerus überein. Die maskulinen Ordnungszahlen enden im **Nominativ Singular** auf **-ый**. Ist die Endung **betont**, lautet sie **-о́й**.

⚠ Die einzige Ausnahme ist **тре́тий**.

§ 17 Die Wochentage

NEU Du lernst jetzt die russischen Wochentage kennen.

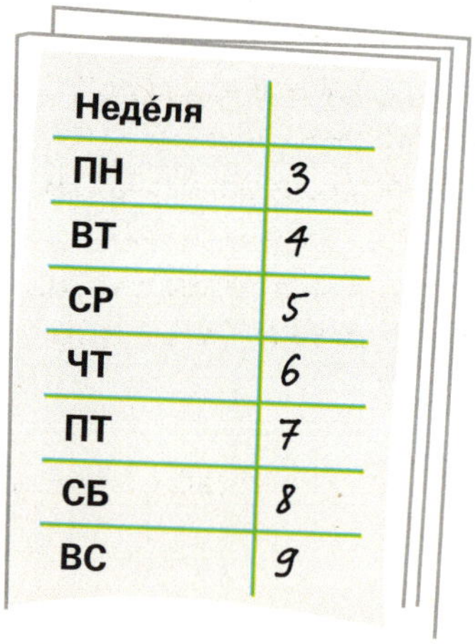

Како́й (сего́дня) день?	В како́й день?/Когда́?	
Nominativ	Akkusativ	
понеде́льник	в понеде́льник	(am) Montag
вто́рник	в**о** вто́рник	(am) Dienstag
сред**а́**	в сре́д**у**	(am) Mittwoch
четве́рг	в четве́рг	(am) Donnerstag
пя́тниц**а**	в пя́тниц**у**	(am) Freitag
суббо́т**а**	в суббо́т**у**	(am) Samstag
воскресе́нье	в воскресе́нье	(am) Sonntag

R 12 Auf die Frage Како́й сего́дня день? – *Welcher Tag ist heute?* nennst du den Wochentag im **Nominativ**. Auf die Fragen В како́й день? – *An welchem Tag?* und Когда́? – *Wann?* antwortest du mit der Präposition **в** und dem Wochentag im **Akkusativ**.

⚠ Vor **вт**о́рник wird die Präpositon **в** zu **во** erweitert, das erleichtert die Aussprache.
Bei среда́ kommt es im Akkusativ zu einem Betonungswechsel: [ф] **в‿**сре́д**у**.
Achte auf die Stimmangleichung des **в** vor stimmlosen Konsonanten.

Всё поня́тно?

1 Wie viele Infinitive sind unter diesen Wörtern. Schreibe sie auf.
учи́ть, пять, учи́тель, писа́ть, письмо́, чита́ют, идти́, и́ли, они́, реша́ть, о́чень, шесть, де́лать, опя́ть, помога́ть, де́сять, чита́ть, говори́ть, де́вять

2 Achte auf den Konjugationstyp. Welches Verb gehört nicht in die Reihe? Warum?
а) зна́ешь, иду́т, пи́шем, говорю́, де́лаете, рабо́тают
б) говори́т, у́чишь, смо́трят, чита́ю, лю́бите, сидя́т
в) реша́ю, ду́маю, игра́ю, люблю́, помога́ю, пишу́
г) говори́ть, смотре́ть, рабо́тать, учи́ть, люби́ть, стоя́ть

3 Konjugiere. **а)** чита́ть **б)** идти́ **в)** говори́ть

4 Notiere im Heft möglichst viele Verben, die wie **а)** чита́ть und **б)** говори́ть konjugiert werden.

5 **а)** Schreibe über dich und verwende dabei die folgenden Wendungen:
учи́ть ру́сский язы́к, де́лать уро́ки, сиде́ть в Интерне́те, смотре́ть фильм, игра́ть в футбо́л, слу́шать му́зыку, писа́ть письмо́
б) Wie lauten die folgenden Fragen, wenn du sie an jemanden richtest, den du siezt:
Ты лю́бишь футбо́л? Ты слу́шаешь поп-му́зыку? Ты у́чишь ру́сский язы́к? Ты помога́ешь до́ма?

6 **а)** Lege eine Tabelle mit den Spalten „Akkusativ“ und „Präpositiv“ an. Ersetze die Fragewörter in den Klammern durch Substantive im richtigen Kasus und trage die Wortgruppen in die passende Spalte ein: рабо́тать в (где?), идти́ в (куда́?), идти́ на (куда́?), говори́ть о (чём?), чита́ть (что?), слу́шать (что?), люби́ть (что?), писа́ть о (ком?).
б) Berichte über deine Mitschüler/innen. Verwende möglichst viele Wortgruppen aus Teil **а)**.

7 Übersetze. Achte auf den Gebrauch des Kasus (Akkusativ oder Präpositiv) und auf **в** bzw. **на**.
Lena liebt Musik. Sie geht ins Konzert. Das Konzert ist im Theater. Irina ist auch im Konzert. Viktor geht in die Sporthalle. Maxim ist bereits in der Sporthalle.

8 Schreibe einem russischen Brieffreund, was du an welchen Wochentagen regelmäßig machst.

9 Lege eine Tabelle mit den Grund- und Ordnungszahlwörtern von 1–10 an.

10 Wiederhole die Fragen. Ersetze die Substantive und Namen durch Personalpronomen und achte auf die Wortfolge.
а) Куда́ идёт учи́тельница?
б) Что де́лает ма́ма?
в) Что лю́бят Макси́м и Ле́на?
г) О чём говори́т учи́тель?

11 **а)** Verneine den hervorgehobenen Teil der Aussage und sage, was die Personen stattdessen tun.
1. Я читаю **журна́л**. (газе́та)
2. Мы идём в **кино́**. (конце́рт)
3. **Ли́за** рабо́тает в библиоте́ке. (А́ня)
4. Они пи́шут **e-mail**. (рефера́т)
б) Verneine die Satzaussage. Achte auf die Stellung des verneinenden Wortes.

▶ Die Lösungen findest du auf Seite 73.

Семья́ Ири́ны

§ 18 Die russischen Namen

NEU Der offizielle russische Name wird aus dem **Vornamen**, dem **Vatersnamen** und dem **Familiennamen** gebildet, z. B. **Алекса́ндр Влади́мирович Наза́ров**, **Ири́на Влади́мировна Наза́рова**.

Die Vornamen lauten je nach Gesprächssituation unterschiedlich:

offizielle Anrede	**in der Familie/unter Freunden**	**besonders liebevolle Anrede**
Алекса́ндр(а)	Са́ша, Са́ня	Са́шенька
А́нна	А́ня, Аню́та	А́нечка, А́ннушка

⚠ Nicht dekliniert werden weibliche Vornamen auf **Konsonant** (z. B. **Ка́ролин**, **Изабе́л**) sowie männliche und weibliche Vornamen auf **Vokal**, mit Ausnahme von **-а**/**-я**. (z. B. **У́до**, **А́нтье**).

Der **Vatersname** wird vom Vornamen des Vaters abgeleitet:

Влади́мир		Вита́лий	
Влади́мир**ович**	Влади́мир**овна**	Вита́ль**евич**	Вита́ль**евна**
Sohn	**Tochter**	**Sohn**	**Tochter**

R 1 Endet der Vorname des Vaters auf einen harten Konsonanten, fügst du für den **männlichen** Vatersnamen **-ович** an. Endet der Vorname auf einen weichen Konsonanten, lautet die Endung **-евич**. **Weibliche** Vatersnamen bildest du entsprechend mit **-овна** bzw. **-евна**.

⚠ Mit dem **Vor- und Vatersnamen** und mit **вы** – *Sie* sprichst du im Russischen unbekannte Erwachsene an. Es ist die höfliche Anrede.

⚠ Der **Familienname** existiert in der männlichen (Луки́н), der weiblichen (Лукин**а́**) und der Pluralform (Лукин**ы́**).

§ 19 Die Possessivpronomen der 1. und 2. Person Singular

W Du weißt, dass die Possessivpronomen *mein* und *dein* darauf hinweisen, wem etwas gehört.

maskulin	neutral	feminin
Э́то **твой** моби́льник? Ist das dein Handy? Да, э́то **мой** моби́льник. Ja, das ist mein Handy.	Э́то **твоё** письмо́? Ist das dein Brief? Да, э́то **моё**. Ja, das ist meiner.	Э́то **твоя́** кни́г**а**? Ist das dein Buch? Нет, э́то не **моя́** кни́г**а**. Nein, das ist nicht mein Buch.

R 2 Die Possessivpronomen **мой** (maskulin), **моя́** (feminin), **моё** (neutral) – *mein* und **твой**, **твоя́**, **твоё** – *dein* richten sich – wie im Deutschen und Französischen – in **Genus**, **Kasus** und **Numerus** nach dem zugehörigen Substantiv.

§ 20 Die Wiedergabe von *haben*

У **тебя́** есть ру́чка?	Hast du einen Füller? (*wörtl.:* Gibt es bei dir einen Füller?)
Да, у **меня́** есть ру́чка.	Ja, ich habe einen Füller. (*wörtl.:* Ja, bei mir gibt es einen Füller.)

R 3 Das deutsche *etwas haben/besitzen* drückst du im Russischen so aus:
у + Besitzer (im Genitiv) **+ есть + Besitz** (im Nominativ).

Präge dir die Wiedergabe von *haben* mit der wörtlichen deutschen Übersetzung ein.

§ 21 Der Dativ Singular der Substantive

W Du weißt, dass du nach dem Dativ mit *wem?* bzw. *zu wem?* fragst.

NEU Du lernst nun, nach welcher Präposition und nach welchen Verben der Dativ steht und welche Endungen die Substantive im Dativ haben.

Кому́ вы помогáете?	**К кому́** ты идёшь?
Wem helft ihr (gerade)?	Zu wem gehst du?
Мы помогáем Макси́му и И́горю.	Я иду́ **к** И́ре и Тáне.
Wir helfen Maxim und Igor.	Ich gehe zu Ira und Tanja.

R 4 Auf die Frage **кому́** – *wem?* bzw. **к кому́** – *zu wem?* und nach den Verben **помогáть, писáть, звони́ть** und der Präposition **к** stehen die Substantive und Pronomen immer im Dativ.

	maskulin		neutral		feminin	
	hart	weich	hart	weich	hart	weich
Nom.	Макси́м	И́горь	окно́	мо́ре[1]	И́ра	Тáня
Dat.	(к) Макси́му	(к) И́горю	(к) окну́	(к) мо́рю	(к) И́ре	(к) Тáне

⚠ Beim Verb **звони́ть** – *anrufen* weicht der Kasus vom Deutschen ab. Verbinde **звони́ть** – *anrufen* nicht wie im Deutschen mit dem Akkusativ, sondern immer mit dem Dativ, z. B. звони́ть Макси́му и И́ре.

1 мо́ре Meer

§ 22 Der Genitiv Singular der Substantive

W Du weißt, dass der Genitiv auf die Frage *wessen?* steht und im Russischen zum Ausdruck von *haben* nach der Präposition **у** – *bei* verwendet wird.

NEU Du lernst nun, welche Endungen die Substantive im Genitiv haben und welche Präpositionen (außer **у**) noch den Genitiv nach sich ziehen.

Э́то Ни́на, а э́то сестра́ Ни́ны, Ка́тя.	Das ist Nina, und das Ninas Schwester Katja.
У Ка́ти есть гита́ра.	Katja hat eine Gitarre.
Где но́ты **для** Макси́ма и И́горя?	Wo sind die Noten für Maxim und Igor?
До теа́тра? **До** теа́тра далеко́.	Bis zum Theater? Bis zum Theater ist es weit.
По́сле шко́лы я де́лаю уро́ки.	Nach der Schule mache ich Hausaufgaben.

R 5 Der Genitiv bezeichnet auf die Frage *wessen?* die Zugehörigkeit zu etwas oder jemandem. Er steht außerdem nach den Präpositionen **у**, **для**, **до** und **по́сле**.

	maskulin		neutral		feminin	
	hart	weich	hart	weich	hart	weich
Nom.	Макси́м	И́горь	окно́	мо́ре	Ни́на	Та́ня
Gen.	Макси́ма	И́горя	окна́	мо́ря	Ни́ны	Та́ни

⚠ Bei der Angabe des Besitzes/der Zugehörigkeit ist die Reihenfolge im Russischen wie im Französischen:

сестра́ Ни́ны ≠ Ninas Schwester
la sœur de Nina ≠ Nina's sister

Nach **г**, **к**, **х** das **-ы** steht nie, hier schreibe immer nur das **-и**.

§ 23 Die Wiedergabe von *nicht haben*

W Du weißt, wie man im Russischen *haben* ausdrückt (§ 20).

NEU Jetzt lernst du, wie du auf Russisch ausdrücken kannst, dass du etwas **nicht** hast.

У меня́ **нет** бра́та. Ich habe keinen Bruder.	У тебя́ **нет** сестры́? Hast du keine Schwester?
У Та́ни **нет** ци́ркуля. Tanja hat keinen Zirkel.	У Ви́ктора **нет** лине́йки. Viktor hat kein Lineal.

R 6 Das deutsche *etwas nicht haben/besitzen* drückst du im Russischen so aus: **у + Besitzer** (im Genitiv) **+ нет + Besitz** (im Genitiv).

§ 24 Die Deklination der Personalpronomen (Genitiv – Akkusativ)

W Du kennst die russischen Personalpronomen im Nominativ (§6) und den Genitiv von **я** und **ты** (§ 20). Du weißt auch, dass die deutschen Personalpronomen verschiedene Kasus bilden (z. B. *mir*, *mich* usw.).

NEU Du lernst jetzt alle Personalpronomen im **Genitiv**, **Dativ** und **Akkusativ** kennen.

Макс зна́ет **нас**, **тебя́** и **меня́**.	Max kennt uns, dich und mich.
Он идёт к **тебе́** и ко **мне**.	Er kommt zu dir und zu mir.
Письмо́ для **него́**, а кни́га для **нас**.	Der Brief ist für ihn und das Buch für uns.

R 7 Nach Präpositionen wird vor die deklinierten Formen von **он/оно́**, **она́** und **они́** in der Regel ein **н-** eingefügt, z. B. у **н**его́ – *bei ihm/er hat*, **к н**ей – *zu ihr*, на **н**их – *auf sie*.

Nom.	**я**	**ты**	**он / оно́**	**она́**	**мы**	**вы**	**они́**
Gen.	меня́	тебя́	(**н**)его́	(**н**)её	нас	вас	(**н**)их
Dat.	мне	тебе́	(**н**)ему́	(**н**)ей	нам	вам	(**н**)им
Akk.	меня́	тебя́	(**н**)его́	(**н**)её	нас	вас	(**н**)их

⚠ Beachte die Aussprache von **его́** [ево́].
Vor **мне** wird **к** zu **ко** erweitert, das spricht sich leichter: **ко‿мне**.

§ 25 Die Grundzahlen 11–69

W Du kennst die Grundzahlen 1–10 (§ 2).
Sie bilden die Grundlage für die zusammengesetzten Zahlwörter.

11	оди́ннадцать	**21**	два́дцать оди́н	**40**	со́рок
12	двена́дцать	**22**	два́дцать два	**41**	со́рок оди́н
13	трина́дцать	**23**	два́дцать три	**42**	со́рок два
14	четы́рнадцать	**24**	два́дцать четы́ре	**43**	со́рок три
15	пятна́дцать	**25**	два́дцать пять	**44**	со́рок четы́ре
16	шестна́дцать	**26**	два́дцать шесть	**50**	пятьдеся́т
17	семна́дцать	**27**	два́дцать семь	**57**	пятьдеся́т семь
18	восемна́дцать	**28**	два́дцать во́семь	**58**	пятьдеся́т во́семь
19	девятна́дцать	**29**	два́дцать де́вять	**59**	пятьдеся́т де́вять
20	два́дцать	**30**	три́дцать	**60**	шестьдеся́т

⚠ Beachte den **Betonungswechsel** bei 11 und 14. Und nicht verwechseln:
Das **Weichheitszeichen** steht bei 5–30 am **Wortende**, ab 50 aber in der **Mitte**.

⚠ Beachte bei den Grundzahlen ab 21 die Reihenfolge:

Zehner – Einer		**Einer-„und"-Zehner**
два́дцать два twenty-two vingt-deux	≠	zweiundzwanzig

Lerne die Zahlen von 15–19, indem du 5–9 ohne Weichheitszeichen mit **-надцать** verbindest, z. B. пять → **пятна́дцать**.

§ 26 Das Substantiv nach den Grundzahlen 1–4

NEU Die russischen Zahlwörter **1** und **2** werden nach dem Genus des Bezugsworts unterschieden.

У нас **оди́н** теа́тр, **одно́** ателье́ и **одна́** шко́ла.
У меня́ **два** бра́та и **две** сестры́.
В кла́ссе **три** окна́ и **четы́ре** компью́тера.

R 8 Der Gebrauch von **оди́н** (maskulin), **одно́** (neutral) oder **одна́** (feminin) richtet sich nach dem **Genus** (§ 1), **Numerus** und **Kasus** des Substantivs.
Два wird mit Maskulina und Neutra, **две** mit Feminina verbunden.
Das Substantiv steht nach **2, 3, 4** immer im **Genitiv Singular** (§ 22).

§ 27 Die Angabe des Alters

NEU Du lernst jetzt, wie man im Russischen das Alter von Personen oder Objekten angibt.

Ско́лько **тебе́ лет**?	Ско́лько **лет** Бори́су?
Wie alt bist du?	Бори́су/**Ему́** два́дцать оди́н **год**.
Мне трина́дцать **лет**.	Ско́лько **лет** Ири́не?
Ich bin 13 Jahre alt.	Ири́не/**Ей** два́дцать два **го́да**.

R 9 Bei der Altersangabe stehen die Personen oder Objekte, deren Alter du nennst, immer im **Dativ**. Die Frage nach dem Alter lautet: **Ско́лько лет** + **Person** (im Dativ)?
Die Form von **год** – *Jahr* ist davon abhängig, welches Zahlwort vorausgeht:
Nach **1** (21, 31, ...) steht der Nominativ Singular **год**, nach **2, 3, 4** (22, 23, 24, 32, 33, ...) der Genitiv Singular **го́да** und nach **5–20** (25, 26, 27, ...) und allen **vollen Zehnern** der Genitiv Plural **лет**.

⚠ Nach den Zahlen **11, 12, 13, 14** steht immer der Genitiv Plural, hier also **лет**.

§ 28 Die Angabe der Uhrzeit

NEU Du lernst nun, wie man bei Durchsagen im Radio, am Bahnhof oder auf dem Flughafen offiziell die Uhrzeit angibt.

Кото́рый час?	Сейча́с два́дцать часо́в пятна́дцать мину́т. (20:15 Uhr)
	Сейча́с три часа́ со́рок две мину́ты. (3:42 Uhr)
Когда́?	**В** час. (**Um** 1 Uhr)
	В два́дцать два́ часа́ одну́ мину́ту. (**Um** 22:01 Uhr)

R 10 Die Frage nach der Uhrzeit lautet: Кото́рый час? – *Wie viel Uhr ist es?/Wie spät ist es?*
Darauf antwortet man mit **час**/**часа́**/**часо́в** – *Stunde* und **мину́та**/**мину́ты**/**мину́т** – *Minute*. Die jeweilige Form richtet sich nach dem vorausgehenden Zahlwort. Auf die Frage Когда́? – *Wann?* steht die Präposition **в** + **Akkusativ**.

1	(оди́н) час/(одна́) мину́та
2, 3, 4	часа́/мину́ты/две мину́ты
5–20	часо́в/мину́т

Всё поня́тно?

1 Schreibe die Tabelle ab und trage die russischen Vornamen in die richtige Spalte ein.

offizielle Anrede	in der Familie / unter Freunden	liebevolle Anrede

Са́шенька | Татья́на | Воло́денька | Ле́ночка | Алекса́ндр(а) | Влади́мир | Еле́на | А́ня | Ле́на | Во́ва | Са́ша | Аню́та | Серёженька | А́нна | Та́ня | Ва́ня | Воло́дя | Ива́н | Серге́й | Серёжа | Та́нечка | Ваню́ша | Во́вчик

2 Finde heraus, wer in dieser Familie Großvater, Vater, Mutter, Tochter und Sohn ist.

а) Бори́с Серге́евич Ивано́в
б) Серге́й Ива́нович Ивано́в
в) А́нна Серге́евна Ивано́ва
г) Светла́на Степа́новна Ивано́ва
д) Ива́н Ива́нович Ивано́в

3 **а)** Stelle die Mitglieder deiner Familie auf einem Familienfoto vor.
б) Frage jemanden, ob die Schultasche, das Federmäppchen, der Bleistift, der Füller, das Lehrbuch, das Foto, der Zirkel und das Lineal ihm oder ihr gehören.

4 Drücke den gleichen Inhalt anders aus. » Э́то моя́ гита́ра. → У меня́ есть гита́ра.

а) Э́то моя́ газе́та.
б) Э́то твой журна́л?
в) Э́то моё письмо́.
г) Э́то мой календа́рь.
д) Э́то твоя́ су́мка?
е) Э́то твой компью́тер?

5 Beantworte die Fragen. Ersetze das hervorgehobene Wort durch ein Personalpronomen.

а) Ты ча́сто помога́ешь **ма́ме**?
б) Ты зна́ешь фильм «**Серёжа**»?
в) Ты сейча́с идёшь к **одноκла́ссници**?
г) Косме́тика – э́то сувени́р для **Ири́ны**?
д) Ты ча́сто звони́шь **бра́ту**?
е) До **теа́тра** далеко́?

6 Widersprich und behaupte das Gegenteil.

а) У Ле́ны есть брат.
б) У Макси́ма есть сестра́.
в) У Ве́рочки есть компью́тер.
г) У Ди́мы есть ко́шка.
д) У И́горя есть ци́ркуль.
е) У И́ры есть ра́дио.

7 Frage, wie alt die Angehörigen der Familie Ивано́в (Übung 2) sind und beantworte die Fragen.

а) Ива́н Ива́нович Ивано́в (59)
б) ма́ма (34)
в) па́па (37)
г) А́нна (13)
д) Бори́с (15)

8 Schreibe die Uhrzeiten aus.

а) 2 ч 20 м
б) 5 ч 15 м
в) 13 ч 30 м
г) 14 ч 02 м
д) 19 ч 41 м
е) 20 ч 44 м
ж) 21 ч 45 м
з) 22 ч 03 м

▶ Die Lösungen findest du auf Seite 74.

Свобóдное врéмя

§ 29 Der Instrumental Singular der Substantive

NEU Du lernst, wann und mit welchen Endungen der Instrumental verwendet wird.

Чай с лимóн**ом**, пожáлуйста.	Den Tee mit Zitrone bitte.
С чем ты лю́бишь чай? – С варéнь**ем**.	Mit was magst du den Tee? – Mit Konfitüre.
С кем ты идёшь в кинó? – С Тáн**ей** и И́гор**ем**?	Mit wem gehst du ins Kino? – Mit Tanja und Igor?

R 1 Der Instrumental steht nach bestimmten Verben (z. B. **занимáться** – *sich beschäftigen*) und nach Präpositionen (z. B. **с/со** – *mit*).

		maskulin		neutral		feminin	
		hart	weich	hart	weich	hart	weich
Nom.	что?/кто?	лимóн	И́гор**ь**	мáсл**о**	варéнь**е**	сметáн**а**	Тáн**я**
Instr.	(с) чем?/кем?	лимóн**ом**	И́гор**ем**[1]	мáсл**ом**	варéнь**ем**	сметáн**ой**	Тáн**ей**[2]

[1] betont **-ём**, z. B. день → днём
[2] betont **-ёй**, z. B. семья́ → семьёй

Nach den Zischlauten (**ж**, **ш**, **ч**, **щ**) und **ц** wird unbetontes **о** zu **е**: с Сáш**ей**, с учени́ц**ей**.

⚠ Vor Wörtern wie **сл**óво, **см**етáна, **ст**удéнтка wird die Präposition **с** zu **со** erweitert, das spricht sich leichter.

⚠ Die Präposition **с** wird mit dem folgenden Wort zusammengesprochen, z. B. с‿Антóном [са]нтóном, с‿А́ней [cá]ней, с‿учéбником [су]чéбником.

⚠ Folgt auf **с** ein Wort mit stimmhaftem Anlaut (**б**, **г**, **д**, **ж**, **з**), wird с stimmhaft als [з] gesprochen, z. B. с‿Бори́сом [зб]ори́сом, с‿грýппой [зг]рýппой.

§ 30 Die reflexiven Verben (Präsens)

W Du weißt, dass *sich waschen* und *sich beschäftigen* im Deutschen reflexive Verben sind.

NEU Du lernst, woran man die russischen reflexiven Verben erkennt und wie man sie konjugiert.

Я ча́сто ката́ю**сь** на скейтбо́рде.	Ich fahre oft Skateboard.
Мари́на занима́ет**ся** матема́тикой.	Marina beschäftigt sich mit Mathematik.

R2 Die reflexiven Verben erkennst du an **-ся** und **-сь**. Das **-ся** wird an Verbendungen auf Konsonant, **-сь** an Verbendungen auf Vokal angefügt.

		занима́ть**ся**	**sich** beschäftigen
Singular	я ты он/она́/оно́	занима́ю**сь** занима́ешь**ся** занима́ет**ся**	ich beschäftige **mich** du beschäftigst **dich** er/sie/es beschäftigt **sich**
Plural	мы вы они́	занима́ем**ся** занима́ете**сь** занима́ют**ся**	wir beschäftigen **uns** ihr beschäftigt **euch**/Sie beschäftigen **sich** sie beschäftigen **sich**

⚠ Die Buchstabenverbindungen **-ться** und **-тся** werden wie [цъ] ausgesprochen.

⚠ Einige Verben sind im Deutschen reflexiv, im Russischen aber nicht und umgekehrt:

отдыха́ть	**sich** erholen	ката́ть**ся** на скейтбо́рде	Skateboard fahren

§ 31 Die Adjektive mit hartem Stammauslaut (Nominativ Singular)

W Du weißt, dass Adjektive Eigenschaften bezeichnen, mit ihrem Beziehungswort übereinstimmen und verschiedene Formen bilden können.

NEU Du lernst, welche Endungen Adjektive mit hartem Stammauslaut im Nominativ Singular haben und mit welchem Fragewort sie verbunden sein können.

Как**о́й** э́то костю́м?	Как**о́е** э́то пальт**о́**?	Как**а́я** э́то ша́пк**а**?
Э́то краси́в**ый** костю́м.	Э́то краси́в**ое** пальт**о́**.	Э́то краси́в**ая** ша́пк**а**.

R3 Die Nominativformen im Singular von **како́й?** – *welcher?, was für ein?* und die der Adjektive stimmen mit dem zugehörigen Substantiv in **Genus**, **Numerus** und **Kasus** überein.

⚠ Sind maskuline Adjektive endbetont, wird **-ый** zu **-о́й**, z. B. больш**о́й**, голуб**о́й**.

Nach **г, к, х** das **-ы** steht nie, hier schreibe immer nur das **-и**: ма́лень**кий**, неме́ц**кий**.

§ 32 Der Akkusativ Singular (2) der belebten maskulinen Substantive

W Du weißt, dass der Akkusativ der unbelebten Maskulina mit dem Nominativ übereinstimmt. (§ 14)

NEU Um den Akkusativ der **belebten Maskulina** bilden zu können,
musst du zwischen belebten und unbelebten Substantiven unterscheiden:

Belebte Maskulina (Personen-, Tierbezeichnungen)	Unbelebte Maskulina (alle anderen Substantive)
Кого́ ты зна́ешь? Я зна́ю ученик**а́** и учи́тел**я**. Ты о́чень лю́бишь кро́лик**а**?	Что ты зна́ешь? Я зна́ю теа́тр и музе́й. Ты о́чень лю́бишь футбо́л?

		unbelebte Maskulina			belebte Maskulina	
		hart	weich		hart	weich
Nom.	что?	рестора́н	музе́**й**	кто?	учени́к	учи́тел**ь**
Gen.		рестора́н**а**	музе́**я**		ученик**а́**	учи́тел**я**
Akk.	что?	рестора́н	музе́**й**	кого́?	ученик**а́**	учи́тел**я**

R4 Bei **unbelebten** Maskulina ist **Akkusativ = Nominativ**,
bei **belebten** Maskulina ist **Akkusativ = Genitiv**.

§ 33 Der Nominativ Plural der Adjektive mit hartem Stammauslaut

NEU Du lernst, welche Endungen Adjektive mit hartem Stammauslaut im Nominativ Plural haben.

Но́в**ые** джи́нсы ей иду́т.	Die neuen Jeans stehen ihr gut.
Как**и́е** джи́нсы?	Welche Jeans?
Чёрн**ые** (джи́нсы).	Die schwarzen (Jeans).

R5 Die Adjektive im Nominativ Plural mit hartem Stammauslaut antworten auf die Frage **каки́е?** – *welche?, was für welche?* und haben für alle Geschlechter die gemeinsame Endung **-ые**.

Nach **г**, **к**, **х** und Zischlauten das **-ы** steht nie, hier schreibe immer nur das **-и**: больш**и́е**, ма́леньк**ие**.

§ 34 Der Genitiv und Präpositiv der Adjektive mit hartem Stammauslaut (Singular)

W Du weißt, dass das Adjektiv mit dem zugehörigen Substantiv in Genus, Numerus und Kasus übereinstimmt (§ 31).

NEU Du lernst, welche Endungen Adjektive mit hartem Stammauslaut im Genitiv und Präpositiv haben.

Э́то но́вый учени́к. У но́вого ученика́ есть брат. Я уже́ мно́го зна́ю о но́вом ученике́.	Das ist ... Der.../Die... hat ... Ich weiß schon viel über ...	Э́то но́вая студе́нтка из Москвы́. У но́вой студе́нтки есть сестра́. Я уже́ мно́го зна́ю о но́вой студе́нтке.

	maskulin	neutral	feminin
Fragewort	како́й?	како́е?	кака́я?
Nom. Gen.	но́вый но́вого[1]	но́вое но́вого[1]	но́вая но́вой
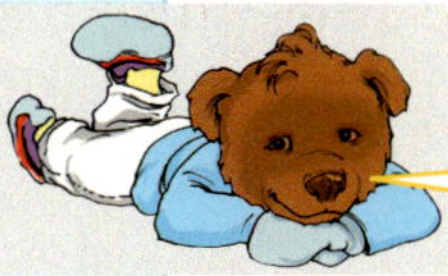			
Präp.	(о) но́вом	(о) но́вом	(о) но́вой

[1] Aussprache des г in ого wie [в].

⚠ Die Endungen der maskulinen Adjektive stimmen mit denen der neutralen (außer im Nominativ und Akkusativ) überein.

⚠ So wie die Adjektive werden auch како́й, како́е, кака́я und die meisten Ordnungszahlen dekliniert: како́й (класс) – пя́тый (класс); (для) како́го (кла́сса) – (для) пя́того (кла́сса); в како́м (кла́ссе) – в пя́том (кла́ссе).

Всё поня́тно?

1 Кто говори́т с кем?
а) Макси́м – Ири́на **б)** Ле́на – Та́ня **в)** Ви́тя – Са́ша **г)** Ве́ра – И́горь **д)** Ди́ма – брат **е)** И́ра – сестра́ **ж)** учи́тель – учени́ца **з)** тре́нер – Макси́м

2 Gib Bestellungen auf: Мне, пожа́луйста, … с(о) …
а) чай и лимо́н **б)** чай и са́хар **в)** чай и варе́нье **г)** ко́фе и са́хар **д)** кака́о и молоко́ **е)** борщ и смета́на **ж)** щи и смета́на **з)** пельме́ни и ма́сло

3 Füge занима́ться in der erforderlichen Form ein und beantworte die Fragen.
а) Чем ты … в свобо́дное вре́мя?
б) Ма́ма и па́па то́же …?
в) Кто в семье́ ещё …?
г) Где вы …?

4 Schreibe, ob sich die genannten Personen damit beschäftigen oder nicht.
а) я – 
б) сестра́ – 
в) роди́тели – 
г) мы – 
д) ты – 
е) брат – 

5 Bringe dein Entzücken, deine Verwunderung zum Ausdruck.
а) Како́й …! **б)** Кака́я …! **в)** Како́е …! **г)** Каки́е …!

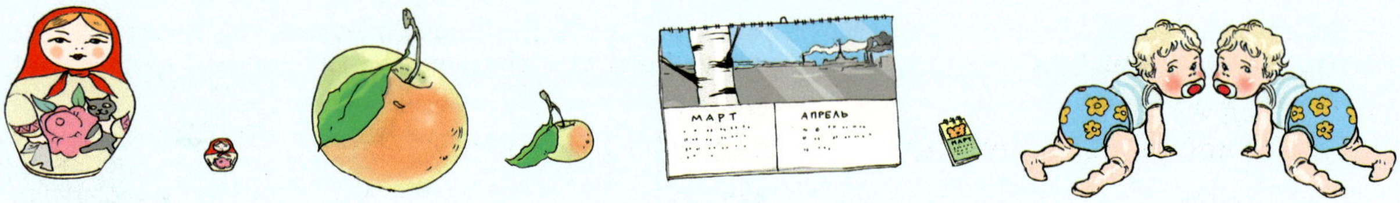

6 Sage, wen du …
а) kennst oder nicht kennst (инжене́р, диза́йнер, музыка́нт, друг И́ры, Анто́н Серге́евич);
б) gern hast oder nicht magst (Макси́м, Бори́с, брат, рэ́пер, тре́нер, Ши́ллер, Пу́шкин).

7 Frage mithilfe von Adjektiven nach der Farbe der Kleidungsstücke.
» И́ре о́чень идёт сви́тер. – Како́й? Бе́лый? – Нет, голубо́й.
а) У Зи́ны мо́дная ю́бка.
б) Брю́ки И́ре о́чень иду́т.
в) Пальто́ мне не идёт.
г) Та́ня сего́дня в сви́тере.
д) Мари́на сего́дня в футбо́лке.

8 Widersprich und behaupte das Gegenteil.
а) У Та́ни кра́сная ю́бка.
б) У Бори́са жёлтый шарф.
в) У Анто́на чёрное пальто́.
г) У учи́теля бе́лая ке́пка.
д) У учи́тельницы голубо́й сви́тер.

▶ Die Lösungen findest du auf Seite 74.

Добро́ пожа́ловать в Москву́!

§ 35 Die Verben der Fortbewegung (1)

NEU Im Russischen treten mehrere Verben, die eine **Fortbewegung** bezeichnen, als Paar auf. Ein Verb ist **bestimmt**, das andere **unbestimmt**. Du lernst, wie die Verben konjugiert und wann sie gebraucht werden.

bestimmtes Verb	unbestimmtes Verb
идти́ я иду́, ты идёшь, они́ иду́т	**ходи́ть** я хожу́, ты хо́дишь, они́ хо́дят
е́хать я е́ду, ты е́дешь, они́ е́дут	**е́здить** я е́зжу, ты е́здишь, они́ е́здят
лете́ть я лечу́, ты лети́шь, они́ летя́т	**лета́ть** я лета́ю, ты лета́ешь, они́ лета́ют

Сейча́с мой брат **е́дет** в шко́лу. →

За́втра я **лечу́** в Москву́. →

У́тром Ве́рочка **идёт** в са́дик. →

1. Он обы́чно **е́здит** в шко́лу на авто́бусе. → ←

Я ча́сто **лета́ю** в Москву́. → ←

Она́ **хо́дит** по за́лу. (Sie geht … auf und ab.)

2. Мне нра́вится **лета́ть**. (Vorliebe)
3. Бра́ту оди́н год. Он ещё не **хо́дит**. (Fähigkeit)

R 1 Mit **bestimmten** Verben bezeichnest du eine Fortbewegung **in nur einer Richtung** (→). Mit **unbestimmten** Verben bezeichnest du eine Fortbewegung in **nicht** nur einer Richtung. Das ist der Fall, wenn die Fortbewegung *sich wiederholt* und *hin und zurück* oder in *verschiedenen Richtungen* verläuft. Das **unbestimmte** Verb verwendest du auch, wenn du die *Vorliebe* oder die *Fähigkeit* zu der jeweiligen Fortbewegung ausdrücken willst.

⚠ Verben der Fortbewegung werden oft in übertragener Bedeutung verwendet:

Куда́ идёт трамва́й?	Wohin fährt die Straßenbahn?
В центр хо́дят два авто́буса.	Ins Zentrum fahren zwei Busse.
Како́й фильм сейча́с идёт?	Welcher Film läuft jetzt?
Но́вый сви́тер хорошо́ идёт к кра́сной ю́бке.	Der neue Pullover passt gut zum roten Rock.
Как вре́мя лети́т!	Wie die Zeit verfliegt!/Wie schnell die Zeit vergeht!

Lerne bei Verben der Fortbewegung mit, ob sie bestimmt oder unbestimmt sind.

§ 36 Preisangaben

W Du weißt, dass nach den Zahlwörtern **2**, **3**, **4** das Substantiv im Genitiv Singular steht (§ 26). Das trifft auch auf das Wort **рубль** – *Rubel* zu.

NEU Du lernst jetzt, wie man Preise in Rubel und Euro angibt.

Ру́чка сто́ит 31 **рубль**/**оди́н** **е́вро**.	Der Füller kostet 31 Rubel/einen Euro.
Схе́ма метро́ сто́ит 32 **рубля́**/два **е́вро**.	Der U-Bahn-Plan kostet 32 Rubel/zwei Euro.
Матрёшка сто́ит 60 **рубле́й**/8 **е́вро**.	Die Matrjoschka kostet 60 Rubel/8 Euro.

R 2 Die Frage nach dem Preis lautet: **Ско́лько сто́ит …/сто́ят …?** – *Wie viel kostet …/kosten …?* Darauf antwortet man mit **рубль**/**рубля́**/**рубле́й** bzw. mit dem unveränderlichen Wort **е́вро**. Die jeweilige Form von **рубль** richtet sich nach dem vorausgehenden Zahlwort.

Nicht verwechseln:
стои́т *steht*, aber: **сто́ит** *kostet*
стоя́т *stehen* **сто́ят** *kosten*

⚠ Das Wort **е́вро** ist maskulin (**он**) und nicht deklinierbar.

§ 37 Die Wiedergabe von *nicht sein* (Präsens)

NEU Du lernst nun, wie man ausdrückt, dass jemand oder etwas nicht da ist, fehlt oder es etwas nicht gibt.

В шко́ле Лу́каса **нет** медкабине́та.	In Lukas' Schule gibt es keine Krankenstation.
Ни́ны и И́горя сего́дня **нет** в кла́ссе.	Nina und Igor fehlen heute in der Klasse.

R3 Dass jemand/etwas fehlt, nicht anwesend oder nicht vorhanden ist, wird ausgedrückt durch: **нет** + Substantiv oder Pronomen im **Genitiv**.

§ 38 Das Demonstrativpronomen э́тот im Nominativ (Singular und Plural) sowie im Genitiv und Präpositiv (Singular)

NEU Du lernst, welche Endungen das Demonstrativpronomen **э́тот** im Nominativ, Genitiv und Präpositiv Singular sowie im Nominativ Plural hat.

Э́тот учени́к лю́бит чита́ть.	Э́та студе́нтка игра́ет на гита́ре.
У э́того ученика́ нет бра́та.	Э́то но́ты э́той студе́нтки?
Что ты зна́ешь об э́том ученике́?	Об э́той студе́нтке да́же пи́шут газе́ты.
Э́ти ученики́ – о́чень хоро́шие ученики́.	Э́ти студе́нтки из Москвы́.

R4 Das Demonstrativpronomen **э́тот**, **э́то**, **э́та**, **э́ти** stimmt mit dem Beziehungswort in **Genus**, **Numerus** und **Kasus** überein. Der Nominativ Plural heißt für alle Genera **э́ти**. Das Demonstrativpronomen wird im Nominativ wie ein **Substantiv**, in den anderen Kasus wie ein **Adjektiv** (§ 34) dekliniert.

	maskulin	neutral	feminin
Fragewort?	како́й?	како́е?	кака́я?
Nom.	э́тот	э́то	э́та
Gen.	э́того[1]	э́того[1]	э́той
Präp.	(об) э́том	(об) э́том	(об) э́той

[1] Aussprache des г in ого wie [в].

⚠ **Э́то** kannst du auch ohne Substantiv als Subjekt oder Objekt verwenden. Das Pronomen wird dabei nach Genus und Numerus nicht verändert, z. B.
Э́то мне (не) нра́вится. Das gefällt mir (nicht).
Э́то (не) хорошо́. Das ist (nicht) gut.

Präge dir die Deklinationsformen von **э́тот** zusammen mit denen von **но́вый** ein.

Всё поня́тно?

1 Ordne die Verben der Fortbewegung in eine Tabelle mit den Spalten „bestimmt“ und „unbestimmt“ in alphabetischer Reihenfolge und konjugiere sie.

2 Ergänze **а)** идти́ oder ходи́ть und **б)** е́хать oder е́здить.
– Куда́ ты (1), Та́ня?
– Я (2) в библиоте́ку. А ты куда́ (3), Са́ша?
– Я (4) на дискоте́ку.
– Ты ча́сто (5) на дискоте́ку?
– Да, ча́сто, я о́чень люблю́ (6) на дискоте́ку.

3 Frage deinen Gesprächspartner und antworte auf dessen Fragen.
а) Ты лю́бишь ✈?
б) Куда́ ты сего́дня ✈?
в) Ты ча́сто ✈ в …?
г) Ско́лько вре́мени ты ✈ от … в …?

4 Идти́ oder ходи́ть? Finde passende Bildunterschriften.

5 **а)** Frage nach den Preisen der abgebildeten Waren. **б)** Sage, was die Waren kosten.

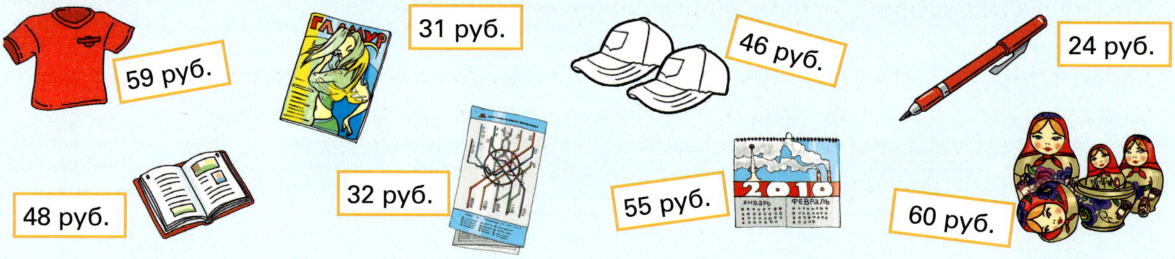

6 Du möchtest aus deinem Wohnort wegziehen. Begründe deinen Wunsch: Здесь нет …
а) шко́ла
б) бути́к
в) теа́тр
г) са́дик
д) кино́
е) рестора́н
ж) дискоте́ка
з) библиоте́ка
и) кафе́
к) стадио́н

7 Du suchst bestimmte Gebäude in Moskau. Vergewissere dich, ob du die Auskunft verstanden hast.
» Где нахо́дится теа́тр? (у́лица) На э́той у́лице?

а) Где мы живём? (недалеко́ от шко́лы)
б) Где мы спим? (зал)
в) Где нахо́дится кино́? (дом)
г) Где нахо́дится кио́ск? (у́лица)
д) Где нахо́дится собо́р? (недалеко́ от музе́я)
е) Где нахо́дится библиоте́ка? (недалеко́ от шко́лы)

▶ Die Lösungen findest du auf Seite 75.

Пра́здники

§ 39 Die Ordnungszahlen 11–31

W Du kennst die russischen Ordnungszahlwörter 1–10 (§ 16).

NEU Jetzt lernst du die Ordnungszahlen 11–31 kennen.

11. – оди́ннадцатый, -ая, -ое	**16.** – шестна́дцатый	**21.** – два́дцать пе́рвый, -ая, -ое
12. – двена́дцатый	**17.** – семна́дцатый	**22.** – два́дцать второ́й, -а́я, -о́е
13. – трина́дцатый	**18.** – восемна́дцатый	**23.** – два́дцать тре́тий, -ья, -ье
14. – четы́рнадцатый	**19.** – девятна́дцатый	**30.** – тридца́тый, -ая, -ое
15. – пятна́дцатый	**20.** – двадца́тый	**31.** – три́дцать пе́рвый, -ая, -ое

в оди́ннадцат**ом** кла́сс**е**, в двадца́т**ой** шко́л**е**, у три́дцать пе́рв**ого** окна́

R 1 Die Ordnungszahlen 11–20 und 30 bildet man, indem man das **-ь** am Ende der Grundzahlen durch die entsprechende **Adjektivendung** ersetzt. Ordnungszahlen werden wie Adjektive behandelt (§ 34). Bei **mehrgliedrigen** Zahlen ab 21 wird – wie im Englischen und Französischen – nur das **letzte Glied** durch ein **Ordnungszahlwort** ausgedrückt:

два́дцать второ́й — twenty-second — vingt-deuxième

⚠ Beachte die abweichende Betonung bei двадца́тый, тридца́тый.

⚠ Anders als im Deutschen setzt man im Russischen bei Ordnungszahlen keinen Punkt, sondern gibt meist die verkürzte Endung an, z. B. 1-**й** класс, 5-**е** окно́, 10-**я** неде́ля. Dies gilt auch für deklinierte Formen, z. B. в 11-**м** (оди́ннадцат**ом**) кла́ссе, ученики́ 11-**го** (оди́ннадцат**ого**) кла́сса.

§ 40 Die Angabe des Datums

W Du kennst die russischen Ordnungszahlwörter 1–31 (§§ 16 und 39) und die russischen Monatsnamen.

NEU Du lernst jetzt, wie man nach dem Datum fragt und auf diese Frage antwortet.

Какóе (сегóдня) числó? (Der Wievielte ist heute?)	**Когдá/Какóго числá?** (Wann? Am Wievielten?)
Сегóдня втор**óе** мáрт**а**. (... **der** 2. März.)	Втор**óго** мáрт**а**. (**Am** 2. März.)
... трúдцать пéрв**ое** мá**я**. (... **der** 31. Mai.)	Трúдцать пéрв**ого** мá**я**. (**Am** 31. Mai.)

R2 Auf die Frage Какóе сегóдня числó? antwortet man mit der **sächlichen** Form des **Ordnungszahlwortes** im **Nominativ** und dem **Monatsnamen** im **Genitiv** (*wörtl.* z. B. *Heute ist der zweite Tag des März.*).
Auf die Frage Когдá ...? oder Какóго числá ...? verwendet man in der Antwort das **Ordnungszahlwort** und den **Monatsnamen** im **Genitiv**.

⚠ Die sächliche Form des Ordnungszahlwortes und der Genitiv des Monatsnamens beziehen sich auf das Wort числó – *Zahl*, das aber weggelassen wird.

⚠ Beachte die Schreibweise des Datums in Briefen: 12 (ohne Punkt!) ноябрú 2012 г.

§ 41 Die Konjugation des Verbs хотéть (Präsens)

NEU Du lernst jetzt das **unregelmäßige** Verb **хотéть** – *wollen*, das wie im Deutschen häufig mit dem Infinitiv eines anderen Verbs zusammen verwendet wird.

Úра **хóчет** игрáть на компьютере, а мы **хотúм** сидéть в Интернéте.	Ira will Computer spielen, aber wir wollen ins Internet.

	Singular		Plural	
хотéть – *wollen*	я	хоч**ý**	мы	хот**úм**
	ты	хóч**ешь**	вы	хот**úте**
	он/онá	хóч**ет**	онú	хот**я́т**

R3 Das Verb хотéть wird im **Singular** nach der e-Konjugation und im **Plural** nach der и-Konjugation konjugiert.

Lerne die Formen von **хотéть** auswendig. Du kannst sie oft verwenden.

§ 42 Der Gebrauch der Possessivpronomen его́, её, их

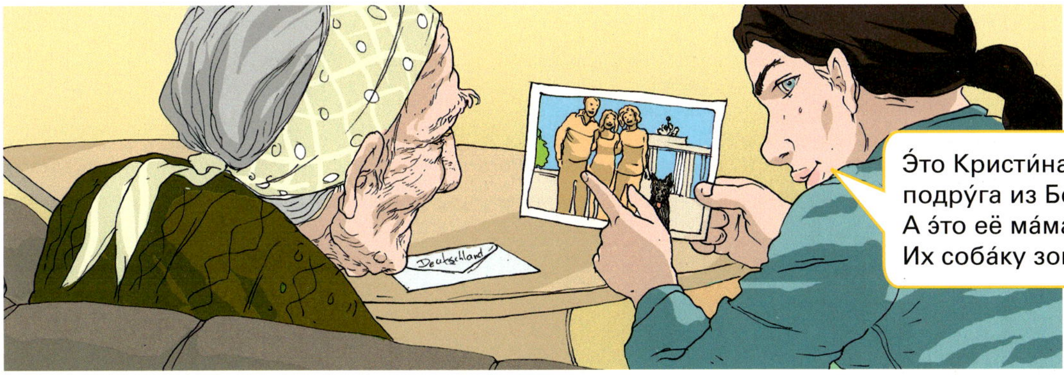

W Du kennst его́, её, их als Genitiv- und Akkusativformen der Personalpronomen он, она́, они́ (§ 24).

NEU Du lernst sie jetzt als Possessivpronomen der 3. Person gebrauchen.

Э́то Макси́м, а э́то **его́** брат Ди́ма.	Das ist Maxim und das ist **sein** Bruder Dima.
Э́то Ле́на, а э́то **её** сестра́ Та́ня.	Das ist Lena und das ist **ihre** Schwester Tanja.
Э́то Луки́ны, а э́то **их** де́ти И́ра и Ве́ра.	Das sind Lukins und das sind **ihre** Kinder Ira und Wera.
И́ра говори́т с Ле́ной и **её** сестро́й.	Ira spricht mit Lena und **ihrer** (**deren**) Schwester.

R 4 Die Possessivpronomen **его́** – *sein(e)*, **её** – *ihr(e)* und **их** – *ihr(e)* sind **unveränderlich**. **Его́** bezieht sich auf **Maskulina** oder **Neutra**, **её** auf **Feminina** und **их** auf Substantive im **Plural**. Diese Possessivpronomen werden nur verwendet, wenn sie sich **nicht** auf das **Subjekt desselben Satzes** beziehen.

⚠ Anders als bei den Personalpronomen der 3. Person Singular und Plural wird bei den Possessivpronomen der 3. Person (его́, её, их) nach einer Präposition **kein н-** vorgeschaltet.

У **н**его́ есть моби́льник.	Er hat ein Handy.
У **его́** дру́га нет моби́льника.	Sein Freund hat kein Handy.

§ 43 Das flüchtige -о-, -ё- und -е- bei maskulinen Substantiven

NEU Du lernst nun Maskulina kennen, bei denen in den **deklinierten Formen** das **-о-**, **-ё-** oder **-е-** ausfällt. Zu dieser Gruppe gehören die meisten Substantive auf **-ок** und **-ец**.

пода́р**о**к	Geschenk	два пода́рка, к пода́рку, на пода́рке, пода́рки
рису́н**о**к	Zeichnung	три рису́нка, к рису́нку, на рису́нке, рису́нки
л**ё**д	Eis	идти́ по л**ь**ду, лимона́д со л**ь**дом, бале́т на л**ь**ду
д**е**нь	Tag	два дня, ко Дню кино́, с днём рожде́ния, дни
от**е́**ц	Vater	кни́га отца́, к отцу́, с отцо́м, об отце́, отцы́

⚠ Das **-о-**, **-ё-** bzw. **-е-** bleibt bei unbelebten Substantiven im Akkusativ Singular erhalten, da der Akkusativ mit dem Nominativ übereinstimmt.

Lerne bei Maskulina mit flüchtigen -о-, -ё- oder -е- immer den Genitiv mit.

§ 44 Die Bildung des Präteritums

W Du weißt, dass im Deutschen, Englischen und Französischen vergangene Handlungen und Vorgänge durch verschiedene Präteritumformen (Imperfekt, Perfekt oder Plusquamperfekt) ausgedrückt werden können.

NEU Im Russischen gibt es nur eine Form des **Präteritums**. Du lernst, wie man sie bildet.

быть сиде́ть говори́ть занима́ться	Ве́чером Марк был до́ма. Он сиде́л в Интерне́те и занима́лся литерату́рой. И́ра была́ у Ли́зы. Она́ говори́ла с Ли́зой. Они́ говори́ли о шко́ле и занима́лись матема́тикой.	Abends war Mark zu Hause. Er surfte im Internet und beschäftigte sich mit Literatur. Ira war bei Lisa. Sie sprach mit Lisa. Sie sprachen über die Schule und lernten Mathematik.

R5 Das Präteritum der meisten Verben bildet man, indem man **-ть** vom Infinitiv abtrennt und durch **-л** *m*, **-ла** *f*, **-ло** *n* und **-ли** *Pl* ersetzt.
Die jeweilige Form richtet sich nach **Genus** und **Numerus** des Beziehungsworts.

Infinitiv	Infinitivstamm	maskulin я, ты, он	feminin я, ты, она́	neutral оно́	Plural мы, вы, они́
говори́**ть**	говори-	говори́**л**	говори́**ла**	говори́**ло**	говори́**ли**
бы**ть**	бы-	бы**л**	бы**ла́**	бы́**ло**	бы́**ли**
занима́**ться**	занима- ся/сь	занима́**л**ся	занима́**ла**сь	занима́**ло**сь	занима́**ли**сь

⚠ Wann du das Präteritum russischer Verben im Deutschen am treffendsten durch das Imperfekt, Perfekt oder Plusquamperfekt wiedergibst, hängt vom jeweiligen Sinnzusammenhang ab.

⚠ Beachte, wie das Präteritum von идти́ gebildet wird:
он **шёл**, она́ **шла**, мы **шли**, вы **шли**, они́ **шли**!

бы**л**, бы**ла́**, бы́**ло**, бы́**ли**
жи**л**, жи**ла́**, жи́**ло**, жи́**ли**
спа**л**, спа**ла́**, спа́**ло**, спа́**ли**

Lerne bei diesen Präteritumsformen den Betonungswechsel mit.

Всё поня́тно?

1 Übertrage die Angaben ins Heft. Schreibe die Ordnungszahlen aus.

а) 15-я у́лица **б)** в 20-й шко́ле **в)** 11-й класс **г)** ученики́ 12-го кла́сса **д)** 16-е зада́ние **е)** на 30-й неде́ле **ж)** на 35-м авто́бусе. **з)** 14-го ма́я

2 Beantworte die Fragen. Schreibe die Zahlwörter als Wort.

а) Како́е сего́дня число́?
б) Когда́ у тебя́ день рожде́ния?
в) Како́го числа́ – Же́нский день?
г) Когда́ вы пра́зднуете Но́вый год?

3 Schreibe auf, wer in deiner Familie und deinem Freundeskreis was tun will.

Я Моя́ сестра́ Де́ти Ты Вы Мы	хоте́ть	спать. игра́ть с дру́гом. петь. слу́шать му́зыку. гуля́ть? смотре́ть фильм?

4 Его́, её и́ли их? Допо́лни текст, где ну́жно (nötig).

а) На фо́то Соколо́вы. А вот де́ти.
б) Ле́на – однокла́ссница Макси́ма. Сестра́ – студе́нтка в Берли́не. А вот друг.
в) Алексе́й – студе́нт. Брат – журнали́ст.

5 **а)** Lies, was dein Brieffreund über seine Mutter schreibt. Э́то мы с ма́мой. Ма́му зову́т Мари́на. Ма́ме 32 го́да. У ма́мы есть брат и сестра́. Я о́чень люблю́ ма́му.
б) Schreibe deinem Brieffreund über deinen Vater (**оте́ц**). Orientiere dich am russischen Text in a).

6 Schreibe die Tabelle ab und ergänze die passenden Verbformen im Präteritum.

Infinitiv	он	она́	оно́	они́
быть до́ма				
лежа́ть на столе́				
занима́ться му́зыкой				

7 Кто говори́т и кто отвеча́ет: он и́ли она́?

а) У́тром я сиде́ла в ча́те с Ви́ктором.
б) Ве́чером я занима́лся в библиоте́ке.
в) Ты был в шко́ле? Да, я там был.
г) Ты смотре́ла фильм? Нет, я чита́ла.

8 Скажи́, кто где был.

а) я – у ба́бушки **б)** мы – в кино́ **в)** ты – в шко́ле **г)** мой брат – на трениро́вке **д)** моя́ сестра́ – в шко́ле **е)** мои́ роди́тели – в теа́тре

9 **а)** Чита́й: И́ра отдыха́ет у ба́бушки. Она́ слу́шает му́зыку. Она́ гуля́ет по па́рку. Она́ мно́го занима́ется литерату́рой. Она́ ча́сто помога́ет ба́бушке. Они́ всегда́ вме́сте гото́вят обе́д. Де́душка ча́сто расска́зывает о Москве́.
б) Напиши́ об И́ре и о её де́душке в еме́йле. Э́то не тепе́рь и сего́дня, э́то уже́ бы́ло в ию́ле.

▶ Die Lösungen findest du auf Seite 75.

Ура́, кани́кулы!

§45 Die Deklination der femininen Substantive auf –ия (Singular)

W Du weißt, wie feminine Substantive mit weichem Stammauslaut (z. B. неде́ля) dekliniert werden.

NEU Du lernst nun, wie man die Substantive auf –ия im Singular dekliniert.

Singular	Substantive auf -я	Substantive auf -ия
Nom.	неде́ля	экску́рсия
Gen.	неде́ли	экску́рсии
Dat.	неде́ле	экску́рсии (!)
Akk.	неде́лю	экску́рсию
Instr.	неде́лей	экску́рсией
Präp.	(о) неде́ле	(об) экску́рсии (!)

§ 46 Die Deklination der Adjektive mit hartem Stammauslaut/des Fragepronomens како́й (Dativ, Akkusativ und Instrumental Singular)

W Du weißt bereits, wie Nominativ, Genitiv und Präpositiv Singular von den Adjektiven mit hartem Stammauslaut und von како́й gebildet werden (§ 34).

NEU Du lernst jetzt die Singularendungen der noch nicht behandelten Kasus kennen.

Како́й э́то учени́к? Кака́я э́то учени́ца?	Э́то но́вый учени́к. Э́то но́вая учени́ца.
Како́му ученику́ 13 лет? Како́й учени́це 12 лет?	Но́вому ученику́. Но́вой учени́це.
Како́й фильм вы вчера́ смотре́ли? Како́го ученика́ ты ещё не зна́ешь? Каку́ю учени́цу ты ещё не зна́ешь?	Но́вый фильм из Ита́лии. Но́вого ученика́. Но́вую учени́цу.
С каки́м ученико́м Ива́н был в кино́? С како́й учени́цей И́ра была́ в клу́бе?	С но́вым ученико́м. С но́вой учени́цей.

	maskulin	neutral	feminin
Nom.	но́вый како́й?	но́вое како́е?	но́вая кака́я?
Gen.	но́вого[1] како́го[1]?	но́вого[1] како́го[1]?	но́вой како́й?
Dat.	но́вому како́му?	но́вому како́му?	но́вой како́й?
Akk.	Nom./Gen.[2]	но́вое како́е?	но́вую каку́ю?
Instr.	но́вым каки́м?	но́вым каки́м?	но́вой како́й?
Präp.	(о) но́вом (о) како́м?	(о) но́вом (о) како́м?	(о) но́вой (о) како́й?

[1] Aussprache des г in ого wie [в]. [2] Nom. vor unbelebten, Gen. vor belebten Substantiven.

Die Endungen der **maskulinen** und **neutralen** Formen stimmen (außer im Nominativ und Akkusativ) überein. Du musst sie also nur einmal lernen. Die Endungen **femininer** Adjektive lernst du leicht, wenn du sie dir rhythmisch im Walzertakt vorsprichst.

Nach **г, к, х** und **Zischlaut** das **-ы** steht nie, hier schreibe immer nur das **-и**.

⚠ So wie die Adjektive und како́й werden auch die Ordnungszahlen (außer тре́тий) dekliniert.

§ 47 Die Grundregeln für den Gebrauch der Aspekte des Verbs

NEU Im Russischen kann eine Handlung von zwei unterschiedlichen Standpunkten aus betrachtet werden. Diese Betrachtungsweisen nennt man **Aspekte**. Dementsprechend stehen einer deutschen Verbform meist **zwei russische Verbformen** mit derselben Grundbedeutung gegenüber, z. B. kaufen – покупа́ть und купи́ть.
Du lernst jetzt, wann du welchen Aspekt verwenden musst.

Du kennst schon einige Aspektpaare, z. B.:

unvollendetes Verb	vollendetes Verb	deutsche Grundbedeutung
звони́ть	позвони́ть	anrufen, telefonieren
писа́ть	написа́ть	schreiben
покупа́ть	купи́ть	kaufen
получа́ть	получи́ть	bekommen, erhalten
чита́ть	прочита́ть	lesen

Präge dir beim Lernen neuer Verben immer beide Aspektpartner ein.

unvollendeter Aspekt

Вчера́ я ви́дела И́ру в магази́не. Там она́ **покупа́ла** но́вый сви́тер.

Gestern habe ich Ira im Laden gesehen. Sie kaufte sich (gerade) einen neuen Pullover.

... She was buying a new pullover.

⚠ Hervorgehoben wird der **Verlauf** des Kaufens – nicht, ob Ira den Pullover schließlich gekauft hat oder nicht.

vollendeter Aspekt

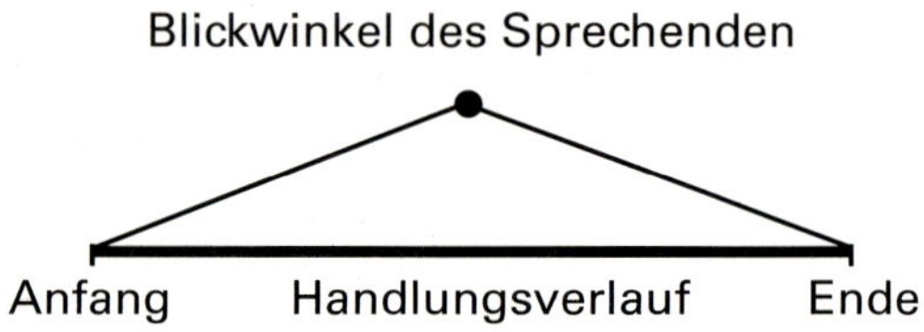

Вчера́ И́ра **купи́ла** но́вый сви́тер.

Gestern hat sich Ira einen neuen Pullover gekauft.

Yesterday Ira bought a new pullover.

⚠ Hervorgehoben wird das **Ergebnis** des Kaufs: Ira ist jetzt im Besitz des neuen Pullovers.

R 1 Wenn du den **Verlauf**, die **Dauer** oder die **Wiederholung** einer Handlung hervorheben willst, verwende das Verb im **unvollendeten Aspekt**.
Die unvollendete Verbform entspricht oft der englischen Verlaufsform.
Wenn du aber die **Einmaligkeit** oder das **Ergebnis** einer Handlung hervorheben willst, dann gebrauche das Verb im **vollendeten Aspekt**.

Im Präsens wird nur der **unvollendete** Aspekt verwendet.

⚠ Nicht alle russischen Verben bilden Aspektpaare.
Nur unvollendet sind folgende Verben:

быть	sein	находи́ться	sich befinden
звать	heißen	сиде́ть	sitzen
жить	wohnen, leben	спать	schlafen
лежа́ть	liegen	сто́ить	kosten
люби́ть	lieben	стоя́ть	stehen

Diese Verben geben meistens einen **Zustand** an.

§ 48 Die Bildung der Aspekte des Verbs

W Du weißt, dass einem deutschen Verb meist zwei russische gegenüberstehen, ein unvollendetes und ein vollendetes. Du kennst auch schon einige Aspektpaare (§ 47).

NEU Es gibt mehrere Arten, Aspekte zu bilden.
Du lernst nun, woran du den Aspekt eines Verbs erkennst.

1. Bildung des vollendeten Aspekts vom unvollendeten durch Vorsetzen eines Präfixes (Vorsilbe):

unvollendet →			**→ vollendet**	
звони́ть	**по**	+ звони́ть	**по**звони́ть	anrufen, telefonieren
писа́ть	**на**	+ писа́ть	**на**писа́ть	schreiben
де́лать	**с**	+ де́лать	**с**де́лать	machen, tun
чита́ть	**про**	+ чита́ть	**про**чита́ть	lesen

Bei Verbpaaren, die sich nur durch ein Präfix unterscheiden, ist das präfigierte Verb das vollendete.

2. Bildung des **unvollendeten** Aspekts vom vollendeten durch Anfügen eines **Suffixes** (Wortstammerweiterung oder -veränderung) an den Stamm:

vollendet →				**→ unvollendet**	
встать	вста	+ **ва́**	+ ть	вста**ва́**ть	aufstehen
рассказа́ть	расска́з	+ **ыва**	+ ть	расска́з**ыва**ть	erzählen
получи́ть	получ	+ **а́**	+ ть	получ**а́**ть	bekommen, erhalten

3. Bildung beider Aspektpartner von unterschiedlichen Wortstämmen:

unvollendet →	**vollendet**	
говори́ть	сказа́ть	sprechen, sagen

§ 49 Der Aspektgebrauch im Präteritum

W Du weißt, dass du dich bei Äußerungen im Präteritum für einen Aspekt entscheiden musst (§ 47).

NEU Du lernst jetzt, wann du im Präteritum welchen Aspekt verwenden musst.

R 2

Regeln für die Aspektwahl im Präteritum:

Unvollendete Verben heben hervor:

– den **Verlauf**, die **Dauer** einer Handlung:

Вчера́ я до́лго **чита́л.**
Gestern habe ich lange gelesen.

– die **Wiederholung** einer Handlung:

Я уже́ три ра́за **чита́ла** e-mail.
Ich habe die E-Mail schon dreimal gelesen.

Vollendete Verben heben hervor:

– den **Abschluss**, das **Ergebnis** einer Handlung:

Спаси́бо за кни́гу. Вчера́ я **прочита́л** её.
Danke für das Buch. Gestern habe ich es (aus)gelesen.

– die **Einmaligkeit** einer Handlung:

Сего́дня по́сле обе́да я **прочита́ла** e-mail.
Heute Nachmittag habe ich die E-Mail gelesen.

⚠ Bestimmte „Signalwörter" helfen dir bei der Entscheidung für den richtigen Aspekt:

! Auf den **unvollendeten** Aspekt weisen hin:		! Auf den **vollendeten** Aspekt weisen hin:	
всегда́	immer	наконе́ц	schließlich, endlich
до́лго	lange	вдруг	plötzlich
час	eine Stunde (lang)	сейча́с	gleich
иногда́	manchmal		
ка́ждый день	jeden Tag		
мно́го (раз)	viel, oftmals		
обы́чно	gewöhnlich		
ча́сто	oft		

Всё поня́тно?

1 Erkundige dich **1.** nach Russland, **2.** nach Deutschland.

а) У тебя́ есть друг и́ли подру́га в …?
б) Как тебе́ нра́вится …?
в) Ты интересу́ешься …?
г) Ты лю́бишь …?
д) Ты уже́ был(а́) в …?
е) Како́й го́род – столи́ца …?
ж) Ты ча́сто ду́маешь о …?
з) Ты хо́чешь пое́хать в …?
и) Что ты ду́маешь об экску́рсии по …?
к) Э́то пода́рок из …?

2 Расскажи́ **1.** о Ю́лии, **2.** о Ли́дии, **3.** о Викто́рии.

а) Вы зна́ете …?
б) Газе́ты пи́шут о …
в) В газе́те фо́то …

Ю́лия

г) С … я говорю́ по-ру́сски.
д) брат, ~~сестра́~~
е) … год/го́да/лет

3 Schreibe das Wort heraus, das grammatisch nicht in die Reihe passt.

а) но́вому, ста́рому, широ́кому, поэ́тому, чёрному, ру́сскому, краси́вому
б) большо́й, ма́ленькой, голубо́й, отли́чной, знамени́той, домо́й, гла́вной
в) ма́леньким, больши́м, хоро́шим, говори́м, ру́сским, неме́цким

4 Допо́лни письмо́.

Приве́т, Са́ша!
Мы вчера́ с Оле́гом бы́ли на о́чень краси́в■ о́зере.
Мы лови́ли ры́бу и купа́лись. Пого́да была́ отли́чн■ и я сде́лал кла́ссн■ фотогра́фию: Оле́г стои́т с бо́льш■ ры́бой у но́в■ пала́тки! Как у тебя́ дела́? Ты ещё в спорти́вн■ ла́гере? А у тебя́ уже́ есть фотогра́фия Чёрн■ мо́ря?
Пока́
Гри́ша

5 Что пи́шут ру́сские газе́ты? Допо́лни загла́вия (Titel).

неме́цкий, ру́сский, по́льский, америка́нский, францу́зский

(1) Сканда́л в ■ столи́це
(6) Вопро́сы к ■ ка́нцлеру
(5) Интервью́ с ■ врачо́м
(7) Приглаше́ние на да́чу ■ президе́нта
(3) Добро́ пожа́ловать в ■ столи́цу
(4) Пода́рок для ■ президе́нта
(2) Конце́рт ■ рок-гру́ппы в Москве́
(8) Экску́рсия по ■ контине́нту

6 Du weißt nicht genau, was für ein Gegenstand bzw. was für eine Person gemeint ist. Verschaffe dir Gewissheit durch eine Rückfrage.

» Покажи́ мне **кни́гу**. – Каку́ю кни́гу?

а) Дай мне **газе́ту**.
б) Газе́та пи́шет о **теа́тре**.
в) Я люблю́ э́тот **журна́л**.
г) Та́ня занима́ется **литерату́рой**?
д) Она́ ча́сто хо́дит **в кино́**.
е) Как дойти́ **до магази́на**?
ж) Я звоню́ **Ви́ктору**.
з) Ви́ктор зна́ет **Ю́лию**?

7 Welcher russische Satz entspricht der beschriebenen Situation?
Du willst sagen, dass

а) du in den Ferien mehrmals zu Hause angerufen hast.
1. Во вре́мя кани́кул я звони́л домо́й.
2. Во вре́мя кани́кул я позвони́л домо́й.

б) Viktor diesen Pullover in der Türkei gekauft hat.
1. Э́тот сви́тер Ви́ктор покупа́л в Турции.
2. Э́тот сви́тер Ви́ктор купи́л в Турции.

в) du im Zelt gerade damit beschäftigt warst, eine SMS an Vitja zu schreiben.
1. В пала́тке я писа́л(а) Вите SMS-ку.
2. В пала́тке я написа́л(а) Вите SMS-ку.

г) du dieses Buch gestern im Zug ausgelesen hast.
1. Вчера́ в по́езде я чита́л(а) кни́гу.
2. Вчера́ в по́езде я прочита́л(а) кни́гу.

д) du Koljas Ansichtskarte aus Italien gestern Nachmittag bekommen hast.
1. Откры́тку Ко́ли из Ита́лии я получа́л(а) вчера́ по́сле обе́да.
2. Откры́тку Ко́ли из Ита́лии я получи́л(а) вчера́ по́сле обе́да.

8 Ergebnis oder Verlauf? Was soll jeweils hervorgehoben werden?
Ergänze das passende Verb im Präteritum.

а) де́лал(а) *и́ли* сде́лал(а)?
– Ты до́лго (1) заря́дку в спорти́вном ла́гере?
– Обы́чно де́сять мину́т. А ты?
– Я не так до́лго (2) заря́дку. А сего́дня я (3) заря́дку с Ви́ктором.

б) расска́зывала *и́ли* рассказа́ла?
О́ля вчера́ до́лго (1) о пробле́мах подру́ге.
А сего́дня она́ (2) ма́ме.

9 Einmal oder mehrmals? Was soll jeweils hervorgehoben werden?
Ergänze das passende Verb im Präteritum.

а) встава́л(а) *и́ли* встал(а)?
– Когда́ ты обы́чно (1) в спорти́вном ла́гере?
– В 7 часо́в, то́лько сего́дня я (2) в 6 часо́в.
– Почему́ ты сего́дня (3) так ра́но?
– Сего́дня мы е́здили на экску́рсию к мо́рю.

б) звони́л *и́ли* позвони́л?
– Ю́ра, ты во вре́мя кани́кул иногда́ (1) домо́й?
– Да, я ча́сто (2) домо́й. Вот и сего́дня (3) уже́ ма́ме.

10 а) Übersetze und begründe den Aspektgebrauch.
б) Ersetze писа́ть/написа́ть durch чита́ть/прочита́ть кни́гу und покупа́ть/купи́ть пода́рок.

1. И́ра, что ты де́лала вчера́ ве́чером? – Я писа́ла письмо́ домо́й.
2. Ты до́лго писа́ла письмо́? – Час.
3. Ты написа́ла письмо́? – Да, написа́ла.
4. Ты ча́сто пи́шешь пи́сьма? – Нет, обы́чно пишу́ еме́йлы и́ли SMS-ки.

▶ Die Lösungen findest du auf Seite 76.

В Санкт-Петербу́рге

§ 50 Der Nominativ Plural maskuliner Substantive auf -á/-я́

W Du weißt, dass der Nominativ Plural maskuliner Substantive gewöhnlich auf -ы oder -и endet.

NEU Einige maskuline Substantive bilden den Nominativ Plural auf -á oder -я́.

бе́рег – берега́	дом – дома́	о́стров – острова́
ве́чер – вечера́	лес – леса́	по́езд – поезда́
го́род – города́	но́мер – номера́	учи́тель – учителя́

R1 Einige **maskuline** Substantive haben im **Nominativ Plural** die stets betonte Endung -á (nach hartem Stammauslaut) bzw. -я́ (nach weichem Stammauslaut).

⚠ Nicht verwechseln! → цветы́ – *Blumen* (Singular: цвето́к)
→ цвета́ – *Farben* (Singular: цвет)

§ 51 Der Genitiv Plural der Substantive

W Du kennst schon einige Substantive im Genitiv Plural, z. B. часо́в und мину́т zur Angabe der Uhrzeit oder рубле́й von Preisangaben (§§ 28, 36).

NEU Du lernst jetzt, woran du den Genitiv Plural der Substantive erkennst und wie du ihn bildest.

Regelmäßige Bildungsweisen des Genitivs Plural						
	maskulin		neutral	feminin		
	hart	weich	hart	hart	weich	auf -ия
Nom. Sg.	магази́н	гость	сло́во	учени́ца	неде́ля	экску́рсия
Gen. Pl.	магази́нов	госте́й	слов	учени́ц	неде́ль	экску́рсий

Besonderheiten der Bildung des Genitivs Plural					
	maskulin		neutral		feminin
	nach Zischlaut	nach -й	-о-/-е-Einschub	auf -ей	-о-/-е-Einschub
Nom. Sg.	каранда́ш	музе́й	окно́, письмо́	мо́ре	откры́тка
Gen. Pl.	карандаше́й	музе́ев	о́кон, пи́сем	море́й	откры́ток

R2 **Maskuline** Substantive mit hartem Stammauslaut enden im Genitiv Plural meistens auf -ов, mit weichem Stammauslaut auf -ей. **Neutrale** und **feminine** Substantive sind in der Regel **endungslos**.

Wenn du zunächst Mühe hast, den Genitiv Plural der Substantive richtig zu bilden, orientiere dich in einem 1. Lernschritt an den **regelmäßigen Bildungsweisen**. Suche in einem 2. Lernschritt nach weiteren Beispielen für die **Besonderheiten**.

⚠ Beachte diese Formen besonders:
друзья́ → друзе́й   лю́ди → люде́й   роди́тели → роди́телей   ребя́та → ребя́т

§ 52 Die Deklination der Substantive im Plural

W Die meisten russischen Substantive kannst du der I. oder der II. Deklination zuordnen. Wenn du unsicher bist, wohin ein Substantiv gehört, informiere dich mithilfe der folgenden Zusammenfassung.

I. Deklination	1. endungslose Maskulina auf harten bzw. weichen Konsonanten (-ь, -й) 2. Neutra auf -о, -е	магази́н, ру́бль, музе́й сло́во, мо́ре
II. Deklination	1. Feminina auf -а, -я und -ия 2. maskuline Personenbezeichnungen und Eigennamen auf -а und -я.	ка́рта, неде́ля, экску́рсия па́па, Ми́ша, Ко́ля

W Du kennst von den Substantiven bereits den Nominativ und Genitiv Plural (§§ 3, 51).

NEU Jetzt lernst du die gesamte I. und II. Deklination im Plural kennen.

Э́ти ученики́ и учени́цы из Берли́на.	Diese Schülerinnen und Schüler sind aus Berlin.
Газе́ты пи́шут об экску́рсии учени́ц и ученико́в в Санкт-Петербу́рг.	Die Zeitungen schreiben über eine Exkursion der Schülerinnen und Schüler nach St. Petersburg.
Де́вочкам и ма́льчикам 15 и 16 лет.	Die Mädchen und Jungen sind 15 und 16 Jahre alt.
На фо́то мо́жно ви́деть учени́ц и ученико́в с их учи́тельницами и учителя́ми.	Auf dem Foto kann man die Schülerinnen und Schüler mit ihren Lehrerinnen und Lehrern sehen.
Гид расска́зывает о па́мятниках го́рода.	Der Führer erzählt von den Denkmälern der Stadt.

Die I. Deklination – maskuline und neutrale Substantive (Plural)

	maskulin			neutral	
	hart	weich[1]		hart	weich
Nom.	магази́ны[2]	го́сти	музе́и	слова́	моря́
Gen.	магази́нов[3, 4]	госте́й	музе́ев	слов[4]	море́й
Dat.	магази́нам	гостя́м	музе́ям	слова́м	моря́м
Akk.	магази́ны[5]	госте́й[5]	музе́и[5]	слова́	моря́
Instr.	магази́нами	гостя́ми	музе́ями	слова́ми	моря́ми
Präp.	(о) магази́нах	(о) гостя́х	(о) музе́ях	(о) слова́х	(о) моря́х

1 Weiche Maskulina auf -ь (гость) und -й (музей).
2 Nach г, к, х und Zischlaut steht -и (statt -ы).
3 Nach ц bei Stammbetonung -ев (statt -ов), z. B. ме́сяцев.
4 Zu Besonderheiten bei der Bildung des Genitivs Plural vgl. § 51.
5 bei unbelebten Substantiven wie Nom., bei belebten Substantiven wie Gen.

Die II. Deklination – feminine Substantive (Plural)

	feminin[1]		
	hart	weich	
Nom.	газе́ты	неде́ли	фотогра́фии
Gen.	газе́т[2]	неде́ль[2]	фотогра́фий
Dat.	газе́там	неде́лям	фотогра́фиям
Akk.	газе́ты[3]	неде́ли[3]	фотогра́фии[3]
Instr.	газе́тами	неде́лями	фотогра́фиями
Präp.	(о) газе́тах	(о) неде́лях	(о) фотогра́фиях

1 Ebenso maskuline Substantive auf -а/-я (wie па́па).
2 Zu Besonderheiten bei der Bildung des Genitivs Plural vgl. § 51.
3 Bei unbelebten Substantiven wie Nom., bei belebten Substantiven wie Gen.

Rap der Substantive:
-ам, -ами, -ах,
mach's doch einfach nach.
Nimm -ям, -ями, -ях dazu –
so dekliniert es sich im Nu.

Im Plural gilt für **maskuline** und **feminine** Substantive:
unbelebt: Akkusativ = Nominativ
belebt: Akkusativ = Genitiv

§ 53 Die Deklination von кто und что

W Du weißt, dass man nach Personen und Tieren mit кто? – *wer?*, nach Gegenständen und Pflanzen mit что? – *was?* fragt.

NEU Du lernst nun alle Kasusformen von кто? und что? kennen und gebrauchen.

Для **кого́** кни́га?	Für wen ist das Buch?	**Чего́** ты жела́ешь ей?	Was wünschst du ihr?
Кому́ ты помога́ешь?	Wem hilfst du?	**Чему́** ты рад?	Worüber bist du froh?
Кого́ ты не зна́ешь?	Wen kennst du nicht?	**Что** ты покупа́ешь?	Was kaufst du?
С **кем** ты говори́шь?	Mit wem sprichst du?	**Чем** ты занима́ешься?	Womit beschäftigst du dich?
О **ком** ты пи́шешь?	Über wen schreibst du?	О **чём** ты пи́шешь?	Worüber schreibst du?

Kasus	Präposition	Fragepronomen	
Nom.	--	кто?	что?
Gen.	(у/для/без/от/до/из/по́сле)	кого́?	чего́?
Dat.	(к)	кому́?	чему́?
Akk.	(на/в/за)	кого́?	что?
Instr.	(с/пе́ред)	кем?	чем?
Präp.	о/на/в	ком?	чём?

⚠ Beachte die Aussprache von **кого́** (ко[в]о́) und **чего́** (че[в]о́).

Vergleiche die Deklination von кто und но́вый (§ 46). Nutze die Gemeinsamkeiten beim Einprägen.

У **кого́**? – У но́в**ого** ученика́.
К **кому́**? – К но́в**ому** ученику́.
На **кого́**? – На но́в**ого** ученика́.
О **ком**? – О но́в**ом** ученике́.

§ 54 Die Verben auf -овать und -евать

Дени́с: Ты лю́бишь фотографи́ровать?
О́ля: Да, я мно́го фотографи́рую. Вчера́ я сфотографи́ровала корабли́ на Неве́.
Дени́с: А я бо́льше люблю́ танцева́ть. А ты танцу́ешь?

W Du kennst die e-Konjugation der Verben (§ 9).

NEU Die Verben mit Infinitiv auf -**ова**- und -**ева**- (nach **Zischlauten** und **ц**) werden nach der **e**-Konjugation konjugiert.

	фотографи́р**ова**ть	танц**ева́**ть	интерес**ова́**ться
Präsens			
я	фотографи́р**у**ю	танц**у́**ю	интерес**у́**юсь
ты	фотографи́р**у**ешь	танц**у́**ешь	интерес**у́**ешься
он/она́/оно́	фотографи́р**у**ет	танц**у́**ет	интерес**у́**ется
мы	фотографи́р**у**ем	танц**у́**ем	интерес**у́**емся
вы	фотографи́р**у**ете	танц**у́**ете	интерес**у́**етесь
они́	фотографи́р**у**ют	танц**у́**ют	интерес**у́**ются
Präteritum			
я/ты/он	фотографи́ровал	танцева́л	интересова́лся
я/ты/она́	фотографи́ровала	танцева́ла	интересова́лась
оно́	фотографи́ровало	танцева́ло	интересова́лось
мы/вы/они́	фотографи́ровали	танцева́ли	интересова́лись

R3 Verben mit dem Suffix -**ова**-/-**ева**- werden nach der e-Konjugation konjugiert.
Dabei wird das Suffix durch -**у**- ersetzt.
Im **Präteritum** bleibt das Suffix -ова- bzw. -ева- erhalten.

⚠ Zu diesen Verben gehören viele Fremdwörter. Ebenso werden z. B. konjugiert: организова́ть, дискути́ровать, реаги́ровать, интерпрети́ровать, ремонти́ровать, протестова́ть, критикова́ть, информи́ровать.

Das wissen alle,
das weißt auch du:
aus -**ова**- und -**ева**-
wird im Präsens -**у**-.

§ 55 Die Personalpronomen (Instrumental und Präpositiv)

W Du kennst bereits alle Personalpronomen in den ersten vier Kasus (§ 24).

NEU Du lernst nun auch den Instrumental und den Präpositiv dieser Pronomen kennen.

Кóля – друг Зи́ны. О **ней** он дýмает дóма, в шкóле, в кафé. С **ней** – клáссно! Зи́на тóже дýмает о **нём**. С **ним** онá сиди́т в чáте:
– Ты идёшь со **мной** на дискотéку?
– С **тобóй**? Конéчно!

Kolja ist Sinas Freund. Er denkt an sie zu Hause, in der Schule, im Café. Mit ihr ist es klasse! Sina denkt auch an ihn. Sie chattet mit ihm:
– Gehst du mit mir in die Disko?
– Mit dir? Natürlich!

Nom.	я	ты	он/онó	онá	мы	вы	они́
Instr.	мной	тобóй	(н)им	(н)ей	нáми	вáми	(н)и́ми
Präp.	(обо) мне	(о) тебé	(о) нём	(о) ней	(о) нас	(о) вас	(о) них

R 4 Nach Präpositionen wird den Pronomen он/онó, онá, они́ ein н- vorangestellt, z. B. с ним.

⚠ Vor **мне** und **мной** wird an Präpositionen, die nur aus einem Konsonanten bestehen, ein **-о** angehängt, das erleichtert die Aussprache, z. B. **со‿мной**, **во‿мне**.
Vor **мне** wird die Präposition о zu **обо** erweitert.

Всё поня́тно?

1 Bilde den Nominativ Plural. Welche zwei Substantive gehören nicht in die jeweilige Reihe?

а) кабине́т, класс, компью́тер, но́мер, рефера́т, учи́тель, фильм

б) авто́бус, велосипе́д, го́род, дом, рестора́н, собо́р, стадио́н, тролле́йбус

в) учени́к, гитари́ст, одноклáссник, журнали́ст, музыка́нт, тре́нер, тури́ст

г) бе́рег, ве́чер, го́род, дом, лес, музе́й, о́стров, по́езд, трамва́й

2 Расскажи́ о кани́кулах в ма́ленькой дере́вне: Здесь нет …

… теа́тры, конце́рты, музе́и, собо́ры, дворцы́, фонта́ны, рестора́ны, дискоте́ки, кино́, универма́ги, магази́ны, бути́ки, библиоте́ки, авто́бусы, трамва́и, корабли́, врачи́.

3 Отве́ть на вопро́сы. Setze passende Beispiele aus dem Kasten in den richtigen Fall.

а) Кого́ вы приглаша́ете на день рожде́ния?

б) Кому́ вы помога́ете?

в) С кем вы ча́сто говори́те о шко́ле?

г) О чём вы говори́те на уро́ке?

д) Кому́ вы ча́сто звони́те?

е) Что вы собира́ете?

ж) Чем вы занима́етесь?

з) О ком и о чём вы пи́шете в пи́сьмах и еме́йлах?

> грибы́, кани́кулы, кни́ги, сувени́ры, ма́льчики из кла́сса, однокла́ссники, однокла́ссницы, откры́тки, подру́ги, рефера́ты, роди́тели, те́ксты, тури́сты из Росси́и, уро́ки, ученики́ из Герма́нии, учени́цы из Берли́на, учи́тельницы, учителя́, фотогра́фии, экску́рсии

4 Отве́ть на вопро́сы. Ersetze dabei die markierten Substantive durch ein Personalpronomen.

а) Ты с **Ви́ктором** идёшь в кино́?

б) Ты ча́сто ду́маешь о **Ви́кторе**?

в) Ты сего́дня сиди́шь в ча́те с **Ни́ной**?

г) Вы то́же говори́те о **Та́не**?

д) Ты сейча́с идёшь на трениро́вку с **Ве́рой** и **Ири́ной**?

5 Frage nach den hervorgehobenen Satzteilen.

а) **Ле́на и Ко́ля** до́ма.

б) Они́ де́лают **уро́ки**.

в) Ко́ля пи́шет рефера́т **о президе́нте Росси́и**.

г) Ле́на помога́ет **Ко́ле**.

д) Пото́м Ле́на занима́ется **матема́тикой**.

е) **У Ле́ны** есть приглаше́ние на конце́рт.

ж) Ве́чером она́ идёт **с Ко́лей** на конце́рт.

з) Э́то конце́рт класси́ческой му́зыки. Ле́на осо́бенно лю́бит слу́шать **Ба́ха.**

6 Скажи́, кто чем хо́чет занима́ться.

» игра́ть в футбо́л (ма́льчики) → Ма́льчики хотя́т игра́ть в футбо́л.

а) загора́ть на пля́же (И́ра) **б)** игра́ть в ка́рты (Ко́ля, Ле́на, Ви́тя) **в)** купа́ться в мо́ре (мы)

г) гуля́ть по ле́су (вы) **д)** собира́ть грибы́ (де́вочки) **е)** лови́ть ры́бу (тре́нер)

7 Что расска́зывает Та́ня? Вставь глаго́лы в ну́жной фо́рме.

 = дискути́ровать  = танцева́ть  = фотографи́ровать

Ле́том я мно́го . Вчера́ я  но́вый па́мятник. Тури́сты ча́сто  э́тот па́мятник.
В шко́ле мы  о тури́стах в на́шем го́роде. Я о́чень люблю́  и ча́сто  с сестро́й.
А ещё мы с сестро́й ча́сто  на дискоте́ках.

▶ Die Lösungen findest du auf Seite 76/77.

Ко́нкурс «Мой родно́й го́род»

§ 56 Die Deklination der Adjektive mit hartem Stammauslaut/ des Fragepronomens како́й (Plural)

W Du weißt bereits, wie die Singularformen und der Nominativ Plural der Adjektive mit hartem Stammauslaut und von како́й – *welcher* gebildet werden (§§ 31, 33, 34, 46).

NEU Du lernst nun die Pluralendungen der übrigen Kasus kennen.

Каки́**е** джи́нсы тебе нра́вятся? – Чёрн**ые**.
Каки́**х** джи́нсов нет? – Чёрн**ых**.
К каки́**м** джи́нсам идёт кра́сный сви́тер? – К чёрн**ым** джи́нсам.
Каки́**е** джи́нсы купи́ла И́ра? – Чёрн**ые**.
Пе́ред каки́**ми** джи́нсами лежи́т футбо́лка? – Пе́ред чёрн**ыми**.
В каки́**х** джи́нсах И́ра вчера́ ходи́ла в кино́? – В чёрн**ых**.

R 1 Im Plural haben die Adjektive und како́й für alle Geschlechter nur **eine** gemeinsame Endung.

	Plural maskulin/neutral/feminin	
	Adjektiv	Fragepronomen
Nom.	но́в**ые**	каки́**е**
Gen.	но́в**ых**	каки́**х**
Dat.	но́в**ым**	каки́**м**
Akk.	Nom./Gen.[1]	Nom./Gen.[1]
Instr.	но́в**ыми**	каки́**ми**
Präp.	(о) но́в**ых**	(о) каки́**х**

[1] Nom. vor unbelebten, Gen. vor belebten Substantiven.

Nach **г**, **к**, **х** und **Zischlaut** das **-ы** steht nie, hier schreibe immer nur das **-и**.

⚠ So wie die Adjektive werden auch die Ordnungszahlen (außer тре́тий) dekliniert.

§ 57 Bedeutung und Gebrauch von до́лжен (Präsens)

NEU Du lernst, wie man до́лжен – *müssen, sollen* verwendet.

Пе́тя **до́лжен** сде́лать уро́ки.	Petja muss (soll) Hausaufgaben machen.
На́стя обяза́тельно **должна́** попро́бовать моро́женое.	Nastja muss (soll) unbedingt das Eis probieren.
Э́то не **должно́** быть так.	Das soll (darf) nicht so sein.
Мы **должны́** помога́ть ста́рым лю́дям.	Wir müssen (sollen) alten Menschen helfen.
Ребя́та **должны́** э́то сфотографи́рофать.	Die Jugendlichen müssen (sollen) das fotografieren.

R2 Etwas (unbedingt) **müssen/sollen** oder zu etwas **verpflichtet sein** wird im Russischen wie folgt ausgedrückt:

я/ты/он	+	**до́лжен**	+ Infinitiv	Die Formen von до́лжен stimmen in Genus und Numerus mit dem Subjekt des Satzes überein.
я/ты/она́		**должна́**		
оно́		**должно́**		
мы/вы/они́		**должны́**		

⚠ Die Verneinung (**не** до́лжен) kannst du im Deutschen mit *nicht müssen, nicht sollen, nicht dürfen* oder *nicht brauchen* ausdrücken.

⚠ Für den Infinitiv nach до́лжен orientiere dich an den Grundregeln des Aspektgebrauchs (§ 47), nach **не** до́лжен gebrauche den unvollendeten Infinitiv.

§ 58 Das Demonstrativpronomen э́тот (2)

W Du kennst bereits einige Deklinationsformen von э́тот – *dieser*. Du weißt auch, dass es wie ein Adjektiv dekliniert wird (§ 38).

NEU Du lernst die Endungen der übrigen Kasus von э́тот im Singular und Plural bilden und gebrauchen.

Ви́ктор лю́бит смотре́ть э́ти фи́льмы.	Viktor schaut diese Filme gern an.
Та́ня не о́чень интересу́ется **э́тими** фи́льмами.	Tanja interessiert sich nicht sehr für diese Filme.
Что ты ду́маешь об **э́тих** фи́льмах?	Was denkst du über diese Filme?

	Singular			Plural
	maskulin	neutral	feminin	m./n./f.
Nom.	э́тот	э́то	э́та	э́ти
Gen.	э́того[1]	э́того[1]	э́той	э́тих
Dat.	э́тому	э́тому	э́той	э́тим
Akk.	э́тот/э́того[2]	э́то	э́ту (!)	э́ти/э́тих[2]
Instr.	э́тим (!)	э́тим (!)	э́той	э́тими
Präp.	(об) э́том	(об) э́том	(об) э́той	(об) э́тих

[1] Aussprache des г in ого wie [в].
[2] Nom. vor unbelebten, Gen. vor belebten Substantiven.

⚠ Sprich das [э] mit Ausnahme von э́тим im **Singular** immer **offen** wie [ä], im **Plural** immer **geschlossen** wie [e] in [See].

§ 59 Bedeutung und Gebrauch von мочь

NEU Du lernst, wie man die Formen von мочь – *können* im Präsens und Präteritum bildet und gebraucht.

мочь – können, möglich/erlaubt sein:					
Präsens			Präteritum		
я	могу́	+ Infinitiv			+ Infinitiv
ты	мо́жешь		я/ты/он	мог	
он/она́/оно́	мо́жет		я/ты/она́	могла́	
мы	мо́жем		оно́	могло́	
вы	мо́жете		мы/вы/они́	могли́	
они́	мо́гут				

⚠ Beachte im Präsens den Konsonantenwechsel **г → ж** (2. und 3. Pers. Sg. und 1. und 2. Pers. Pl.).

⚠ Beachte im Präteritum, dass die maskuline Form **ohne -л** gebildet wird: **мог**.

Я не могу́ прочита́ть э́тот текст.	Ich kann diesen Text nicht lesen.
Вы мо́жете мне сказа́ть, где нахо́дится вокза́л?	Können Sie mir sagen, wo sich der Bahnhof befindet?
Ты мо́жешь позвони́ть мне сего́дня?	Kannst du mich heute anrufen?
Ви́тя вчера́ не мог де́лать уро́ки.	Witja konnte gestern die Hausaufgaben nicht machen.

R 3 **Können** (im Sinne von möglich/erlaubt sein) drückst du auf Russisch mit **мочь + Infinitiv** aus.

Всё поня́тно?

1 Vergewissere dich durch Nachfragen, welche Objekte und Personen dein Gesprächspartner gemeint haben könnte.

а) Verwende Fragen wie im Muster.

Я хочу́ сфотографи́ровать **собо́ры.** – О каки́х собо́рах ты говори́шь?

1. Я хочу́ сфотографи́ровать **магази́ны**. 2. Что ты ду́маешь, мо́жно снять **музыка́нтов**? 3. Лю́ди о́чень интересу́ются **музе́ями**. 4. Ры́нок нахо́дится недалеко́ от **рестора́нов**. 5. Вы уже́ сфотографи́ровали па́мятники в **па́рках**? 6. Ты пи́шешь **те́ксты** для фи́льма о Москве́? 7. Иди́ к **ги́дам**. Они́ мно́го зна́ют о го́роде.

б) Verwende Fragen aus nicht mehr als drei Wörtern. Каки́е собо́ры?

2 Du willst dir neue Kleidung kaufen. Notiere dir vorher, was du der Verkäuferin sagen willst.

Как вам нра́вятся ...?
Что с ...?
Да́йте мне ...
Покажи́те мне ...
Мне иду́т ...?
Ско́лько сто́ят ...?
Мо́жно ходи́ть в ...?
У вас есть ...?
У вас нет ...?

3 Кто до́лжен что де́лать?

а) И́ре сего́дня о́чень пло́хо. (пойти́ к врачу́ – гуля́ть по па́рку – мно́го спать)

б) Ты получи́л(а) приглаше́ние на день рожде́ния дру́га. (отве́тить на приглаше́ние – купи́ть пода́рок – написа́ть поздравле́ние)

в) Та́ня и Макс хотя́т пое́хать в Со́чи. (гото́вить рюкзаки́ – пое́хать на вокза́л – купи́ть биле́ты)

4 Wiederhole und präzisiere deine Fragen, indem du э́тот in der erforderlichen Form ergänzt.

а) Ты ви́дишь ба́шню (мост, магази́ны, ме́сто на берегу́)?

б) Ты интересу́ешься собо́рами (краси́вым до́мом, ста́рой библиоте́кой)?

в) Как дое́хать до у́лицы (па́мятников, но́вого кино́, ры́нка)?

г) Ты идёшь к врачу́ (учителя́м, дру́гу, де́вочке)

д) Ты говори́шь о па́рке (гости́нице, ба́шнях Кремля́, метро́)?

5 Кто мо́жет и не мо́жет уча́ствовать в ко́нкурсе по ру́сскому языку́ в шко́ле?

вы
роди́тели
дире́ктор шко́лы
Ке́вин и Са́ндра

учи́тельница ру́сского языка́
Ле́на
я
ба́бушка
ты

6 Setze мочь in der entsprechenden Form ein.

– Ли́за, почему́ ты не была́ на конце́рте?
– Я не (1). Мы ходи́ли на дискоте́ку.
– А ты, Фа́биан?
– И я не (2). У нас бы́ли го́сти.
– А вы, Али́на и Ти́мо?
– Мы то́же не (3). Мы бы́ли на трениро́вке.

▶ Die Lösungen findest du auf Seite 77.

Вечери́нка у Ле́ны

§ 60 Der Imperativ der Verben

W Mit dem Imperativ kannst du Aufforderungen, Warnungen, Bitten und Befehle ausdrücken. Du kennst schon einige Imperative, z. B. извини́(те), скажи́(те), да́й(те). Andere hast du schon oft im Unterricht von deinem Lehrer gehört.

NEU Du lernst nun, wie man die Formen des Imperativs im Singular und Plural bildet.

Singular		Plural	
Чита́**й** бо́льше.	Lies mehr!	Чита́**йте** бо́льше.	Lest/Lesen Sie mehr!
Танцу́**й** с ней.	Tanz mit ihr!	Танцу́**йте** с ни́ми.	Tanzt/Tanzen Sie mit ihnen!
Занима́**йся** спо́ртом.	Treib Sport!	Занима́**йтесь** спо́ртом.	Treibt/Treiben Sie Sport!
Говор**и́** с ним.	Sprich mit ihm!	Говор**и́те** с ним.	Sprecht/Sprechen Sie mit ihm!
Пиш**и́** мне.	Schreib mir!	Пиш**и́те** мне.	Schreibt/Schreiben Sie mir!
Гото́в**ь** обе́д.	Mach das Mittagessen!	Гото́в**ьте** обе́д.	Macht/Machen Sie das Mittagessen!

Infinitiv	→ 3. Pers. Pl.	→ Präsensstamm auf Vokal	→ Imperativ Sg.
чита́ть	они́ чит**а́**-ют	чит**а**-	Чита́**й**.
фотографи́ровать	они́ фотографи́р**у**-ют	фотографир**у**-	Фотографи́ру**й**.
занима́ться	они́ заним**а́**-ют|ся	заним**а**-	Занима́**йся**.

R 1 Der Imperativ wird vom Präsensstamm gebildet. Endet er auf einen **Vokal**, füge **-й** an.

Infinitiv	→ 3. Pers. Pl.	→ Präsensstamm auf Konsonant	(1. Pers. Sg.)	→ Imperativ
говори́ть	они́ говор**-я́т**	говор-	(я говор-ю́)	Говори́.
писа́ть	они́ пи́ш-ут	пиш-	(я пиш-у́)	Пиши́.
гото́вить	они́ гото́в-ят	готов-	(я гото́вл-ю)	Гото́вь.

R 2 Endet der Präsensstamm auf einen **Konsonanten** und ist die 1. Person Singular **endbetont**, füge **-и** an. Ist die 1. Person Singular **stammbetont**, hänge **-ь** an.

чита́й	→ чита́**йте**
говори́	→ говори́**те**
гото́вь	→ гото́в**ьте**

R3 Den Imperativ im **Plural** erhältst du, wenn du an die Singularform **-те** anfügst. Die Pluralform kannst du auch zur höflichen Anrede *Sie* verwenden.

⚠ Füge bei **reflexiven Verben** (§ 30) an die Imperativform nach Konsonant -ся, nach Vokal -сь an (z. B. интересу́йся, интересу́йтесь).

⚠ Setze nach russischen Aufforderungssätzen im Unterschied zum Deutschen kein Ausrufezeichen, sondern einen **Punkt**. Das Ausrufezeichen verwende nur bei besonders nachdrücklichen Aufforderungen.

⚠ Willst du dazu auffordern, etwas mit dir *gemeinsam* zu tun, kannst du auch дава́йте mit dem Infinitiv unvollendeter Verben verbinden (z. B. Дава́йте читать. – *Lesen wir!*).

§ 61 Die Grundzahlen 70–199

W Du kennst die Grundzahlen 1–69 (§§ 2, 25).

NEU Du lernst nun die Grundzahlen 70–199.

70 се́мьдесят	**80** во́семьдесят	**90** девяно́сто	**100** сто

⚠ Im Unterschied zu пятьдеся́т und шестьдеся́т liegt bei се́мьдесят und во́семьдесят die Betonung auf der **ersten** Silbe. Bei allen vier Zahlwörtern steht das Weichheitszeichen in der Mitte.

⚠ Bei zusammengesetzten Zahlen schreibst du – anders als im Deutschen, aber wie im Englischen und Französischen – die einzelnen Zahlwörter getrennt.

Beachte dabei auch die Reihenfolge **Hunderter** – **Zehner** – **Einer**, z. B.

🇷🇺 сто три́дцать пять

🇬🇧 one hundred and thirty-five ≠ 🇩🇪 einhundertfünfunddreißig

🇫🇷 cent trente-cinq

§ 62 Das Substantiv nach den Grundzahlen ab 5 und nach unbestimmten Mengenangaben

W Du weißt, dass **оди́н** (**одно́**, **одна́**) mit dem Nominativ Singular und **два**/**две**, три und четы́ре mit dem Genitiv Singular des Substantivs gebraucht werden (§ 26).

NEU Du lernst, mit welchem Numerus und Kasus man im Russischen das Substantiv nach den Zahlen ab 5, nach den unbestimmten Mengenangaben *viel(e)*, *wenig(e)*, *einige* und dem Fragepronomen ско́лько – *wie viel(e)* verwendet.

…1	→ Nom. Sg.	…2 – …4	→ Gen. Sg.		→ Gen. Pl.
21	учени́к	22–24	ученика́	5–20	ученико́в
91	сло́во	92–94	сло́ва	95–100	слов
101	газе́та	102–104	газе́ты	105–120	газе́т
181	неде́ля	182–184	неде́ли	185–190	неде́ль

R4 Nach **5–20** steht das Substantiv im **Genitiv Plural**.
In zusammengesetzten Zahlwörtern **ab 21** richten sich Numerus und Kasus des Substantivs nach dem **letzten Wort** (z. B. bei 185 nach der 5).

Unbestimmte Mengenangaben					
Fragewort	ско́лько?	wie viel(e)	+	**Substantiv im Genitiv Plural**	Ско́лько киломе́тров до го́рода?
unbestimmte Mengenangaben	мно́го ма́ло не́сколько	viel(e) wenig(e) einige			На ры́нке мно́го люде́й. У Ни́ны ма́ло подру́г. Я купи́ла не́сколько помидо́ров.

⚠ Substantive, die nur im Singular verwendet werden, stehen nach unbestimmten Mengenangaben im Genitiv Singular (z. B. мно́го ма́сла, ма́ло лу́ка).

§ 63 Bedeutung und Gebrauch von на́до (Präsens)

W Du weißt bereits, dass *müssen* im Sinne einer Verpflichtung im Russischen durch до́лжен + Infinitiv wiedergegeben werden kann (§ 57).

NEU Du lernst, wie man на́до – *müssen* gebraucht, um eine Notwendigkeit auszudrücken.

И́ре на́до де́лать уро́ки.	Ira muss Hausaufgaben machen.
Журнали́стам на́до узна́ть всё об э́том.	Die Journalisten müssen darüber alles erfahren.
Нам на́до купи́ть мя́со на шашлыки́.	Wir müssen Fleisch zum Grillen kaufen.
Тебе не на́до покупа́ть э́то дорого́е мя́со.	Dieses teure Fleisch musst du nicht kaufen.

R5 Etwas **(nicht) müssen** im Sinne einer Notwendigkeit wird im Russischen so ausgedrückt:

Person im Dativ	**+ (не) на́до**	**+ Infinitiv**
(кому́)	(unveränderlich)	(uv. oder vo. Verb)

⚠ Wenn die handelnde Person nicht genannt wird, wird sie oft mit *man* übersetzt, z. B. Туда́ на́до е́хать на авто́бусе. – *Dorthin muss **man** mit dem Bus fahren.*

§ 64 Substantive mit Adjektivendung

W Du weißt schon, wie die Adjektive im Singular und Plural dekliniert werden (§§ 46, 56).

NEU Es gibt auch Substantive, die Adjektivendungen haben und ebenso wie Adjektive dekliniert werden. Du kennst bisher ва́нная, гости́ная, столо́вая und моро́женое:
Ря́дом с гости́н**ой** на́ша столо́в**ая**. – *Neben dem Wohnzimmer ist unser Esszimmer.*

§ 65 Ortsangaben mithilfe von Präpositionen

NEU Du lernst, mit welchen Präpositionen du angeben kannst, wo sich etwas befindet, und welchen Kasus diese Präpositionen erfordern.

Ortsangaben				
Frage	Kasus	Präposition		Beispiel
Где?	Gen.	напро́тив о́коло сле́ва от спра́ва от у	gegenüber neben, bei links von rechts von an, am bei	Дива́н и стол стоя́т напро́тив телеви́зора. Кре́сло стои́т о́коло окна́. Ле́на сиди́т сле́ва от Ма́кса. Макс сиди́т спра́ва от Ле́ны. Макс стои́т у телеви́зора. Я в гостя́х у Ма́кса.
	Dat.	по	durch entlang	Ве́чером мы гуля́ли по у́лицам. Иди́ по э́той у́лице.
	Instr.	за пе́ред над под ря́дом с	hinter vor über unter neben	За кре́слом сиди́т ко́шка. Я стою́ пе́ред шка́фом. Карти́на виси́т над дива́ном. Соба́ка сиди́т под столо́м. Рюкза́к стои́т ря́дом с дива́ном.
	Präp.	в на	in, im auf, an in, im	Кни́га лежи́т в рюкзаке́. Журна́л лежи́т на столе́. Карти́на виси́т на стене́. Ребя́та живу́т на Кавка́зе. Ла́ра живёт на се́вере.

Куда́?	Gen.	до	bis (zu)	Как дойти́ до вокза́ла?
	Dat.	к	(hin) zu	Я иду́ к Ма́ксу.
	Akk.	в	in (... hinein) nach	Я иду́ в ко́мнату Ма́кса. Мы лети́м в Москву́.
		на	auf nach, in	Я смотрю́ на карти́ну. Я иду́ на конце́рт.
		че́рез	über durch	Иди́те че́рез у́лицу, а пото́м нале́во. Я иду́ че́рез лес.

§ 66 Die Deklination der Possessivpronomen мой, твой, наш, ваш (Singular)

W Du weißt, dass sich мой – *mein* und твой – *dein* (ebenso наш – *unser* und ваш – *euer/Ihr!*) in Genus, Kasus und Numerus nach dem zugehörigen Substantiv richten (§ 19).

NEU Du lernst, wie мой, твой, наш, ваш im Singular dekliniert werden.

Хоти́те посмотре́ть на́шу кварти́ру? — Wollt ihr euch unsere Wohnung ansehen?
В мое́й ко́мнате живёт попуга́й. — In meinem Zimmer wohnt ein Papagei.
Я мно́го слы́шала о твоём попуга́е. — Ich habe viel von deinem Papagei gehört.

R 6 Твой wird ebenso wie мой dekliniert, ваш ebenso wie наш.
Мой und твой sind endbetont, наш und ваш dagegen stammbetont.

	мой (твой)			**наш (ваш)**		
	maskulin	neutral	feminin	maskulin	neutral	feminin
Nom.	мой	моё	моя́	наш	на́ше	на́ша
Gen.	моего́[1]	моего́[1]	мое́й	на́шего[1]	на́шего[1]	на́шей
Dat.	моему́	моему́	мое́й	на́шему	на́шему	на́шей
Akk.	мой/моего́[2]	моё	мою́	наш/на́шего[2]	на́ше	на́шу
Instr.	мои́м	мои́м	мое́й	на́шим	на́шим	на́шей
Präp.	(о) моём	(о) моём	(о) мое́й	(о) на́шем	(о) на́шем	(о) на́шей

[1] Aussprache des г in его wie [в].
[2] Nom. vor unbelebten, Gen. vor belebten Substantiven.

⚠ Die Formen von ваш werden im Russischen auch für die höfliche Anrede verwendet und in Briefen groß geschrieben; z. B. Большо́е спаси́бо за **Ва́ше** письмо́.

Всё поня́тно?

1 Fordere dazu möglichst höflich **1.** deinen Freund oder deine Freundin **2.** mehrere Personen auf.

а) чита́ть текст
б) де́лать уро́ки
в) писа́ть e-mail
г) говори́ть с ним по-ру́сски
д) занима́ться спо́ртом
е) про́бовать я́блоки
ж) идти́ на трениро́вку
з) отдыха́ть на да́че
и) гото́вить чай

2 Finde die versteckten Zahlwörter und notiere sie.

а) столи́ца **б)** семья́ **в)** свобо́дное вре́мя **г)** дверь **д)** стол **е)** опя́ть **ж)** три́о

3 Notiere die folgenden Aufgaben und ihre Ergebnisse als Zahlwörter.

а) 40+30 **б)** 40+80-30 **в)** 41+59 **г)** 33+47 **д)** 100-60 **е)** 165-125+80-90

4 Допо́лни предложе́ния.

а) Ско́лько (вокза́л, музе́й, дворе́ц, шко́ла, кино́, ры́нок, спортплоща́дка) есть в э́том го́роде?
б) Здесь есть 5 (вокза́л, музе́й, дворе́ц, шко́ла, кино́, ры́нок, спортплоща́дка).
в) В го́роде есть 42 (вокза́л, музе́й, дворе́ц, шко́ла, кино́, ры́нок, спортплоща́дка)?
г) На фотогра́фии 81 (вокза́л, музе́й, дворе́ц, шко́ла, кино́, ры́нок, спортплоща́дка)?
д) В го́роде мы ви́дели мно́го (дом, парфюме́рия, суперма́ркет, кио́ск, маши́на, кино́).
е) Мы купи́ли ма́ло (бана́н, помидо́р, лук, виногра́д, огуре́ц, соси́ска, яйцо́).
ж) Да́йте мне не́сколько (бана́н, помидо́р, лук, виногра́д, огуре́ц, соси́ска, яйцо́).

5 Скажи́, что кому́ на́до сде́лать.

а) Са́ша написа́л мне письмо́. (отве́тить)
б) Ви́ктор, уже́ 19 часо́в. (у́жинать)
в) У Ко́ли нет моби́льника. (купи́ть)
г) Та́ня и И́ра живу́т далеко́ от теа́тра. (е́хать на авто́бусе)

6 Bestärke deinen Gesprächspartner in seiner Meinung und begründe das.
Ersetze dabei überall, wo das möglich ist, das Substantiv durch ein Personalpronomen.

а) Мне на́до позвони́ть Ка́те. (она́ до́ма)
б) Вам ещё на́до купи́ть проду́кты на у́жин. (ма́ма их ещё не купи́ла)
в) Де́тям на́до сде́лать уро́ки. (не сде́лали их в шко́ле)
г) Ли́зе на́до встре́титься с Бори́сом. (Бори́с – её брат)

7 Посмотри́ на карти́нки на стр. 61. Скажи́, где нахо́дится Ми́шка.

8 **а)** Соста́вь предложе́ния.

1. Э́то твой журна́л? (газе́та, письмо́, план го́рода)
2. Дай мне, пожа́луйста, твой журна́л. (газе́та, план го́рода, ру́чка)
3. Что мо́жно узна́ть в Интерне́те о твоём го́роде? (шко́ла, класс, люби́мый учи́тель)
4. Позвони́ твое́й сестре́. (брат, друг, подру́га)
5. Когда́ мо́жно занима́ться твои́м вопро́сом? (пробле́ма, письмо́, рефера́т)
6. На твое́й гита́ре мо́жно игра́ть? (пиани́но, балала́йка, компью́тер)

б) Richte diese Fragen und Aufforderungen an eine Person, die du siezt.

▶ Die Lösungen findest du auf Seite 77/78.

Где мы у́чимся

§ 67 Die Deklination der Adjektive mit weichem Stammauslaut

W Du kennst bereits die Deklination der Adjektive mit hartem Stammauslaut (§§ 46, 56).

NEU Du lernst jetzt, wie die Adjektive mit weichem Stammauslaut dekliniert werden.
Diese Gruppe umfasst nur eine kleine Anzahl von Adjektiven.
Dazu gehören u. a. зи́мний, весе́нний, ле́тний, осе́нний, дома́шний, после́дний.

Ско́лько неде́ль у вас зи́мние кани́кулы?	Wie viele Wochen habt ihr Winterferien?
Что вы де́лаете во вре́мя зи́мних кани́кул?	Was macht ihr in den Winterferien?
Где ты прово́дишь ле́тние кани́кулы?	Wo verbringst du die Sommerferien?
Ура́, это после́дний уро́к пе́ред ле́тними кани́кулами!	Hurra, dies ist die letzte Unterrichtsstunde vor den Sommerferien!
Макс хо́чет узнать всё о ле́тних кани́кулах в Герма́нии.	Max möchte alles über die Sommerferien in Deutschland erfahren.

Die Endungen der weichen Adjektive kannst du leicht von den entsprechenden harten ableiten, wenn du dir Mischkas Zauberformel merkst.

	Singular			Plural
Kasus	maskulin	neutral	feminin	m./n./f.
Nom.	ле́тний	ле́тнее	ле́тняя	ле́тние
Gen.	ле́тнего[1]	ле́тнего[1]	ле́тней	ле́тних
Dat.	ле́тнему	ле́тнему	ле́тней	ле́тним
Akk.	= Nom./Gen.[2]	ле́тнее	ле́тнюю	= Nom./Gen.[2]
Instr.	ле́тним	ле́тним	ле́тней	ле́тними
Präp.	(о) ле́тнем	(о) ле́тнем	(о) ле́тней	(о) ле́тних

[1] Aussprache des г in его wie [в].
[2] Nom. vor unbelebten, Gen. vor belebten Substantiven.

⚠ Die Endungen der maskulinen und neutralen Adjektive stimmen (außer im Nominativ und Akkusativ) überein. Die Pluralendungen sind für alle Geschlechter gleich.

§ 68 Das zusammengesetzte Futur

W Du kennst das zusammengesetzte Futur schon aus dem Deutschen, Englischen und Französischen.

NEU Du lernst jetzt, wie man das zusammengesetzte Futur im Russischen bildet.

Я бýду рабóтать.	Я **не** бýду рабóтать.
Ich werde arbeiten.	Ich werde **nicht** arbeiten.
I will work.	I won't (will **not**) work.
Je vais travailler.	Je **ne** vais **pas** travailler.

	быть				
я	бýду	рабóтать	ich	werde	arbeiten
ты	бýдешь		du	wirst	
он/онá/онó	бýдет		er/sie/es	wird	
мы	бýдем		wir	werden	
вы	бýдете		ihr/Sie	werdet/-en	
онú	бýдут		sie	werden	

R1 konjugiertes Hilfsverb быть
+ Infinitiv des **unvollendeten** Verbs

= zusammengesetztes Futur

⚠ Wenn du быть als konjugiertes Vollverb, also ohne anschließenden Infinitiv verwendest, erhältst du das Futur von *sein*, z. B. Пóсле обéда я бýду на тренирóвке. – *Am Nachmittag werde ich beim Training sein.*

§ 69 Der Relativsatz mit кото́рый

W Du weißt, dass es Haupt- und Nebensätze gibt. Relativsätze gehören zu den Nebensätzen.

NEU Im Russischen werden Relativsätze oft durch das Relativpronomen кото́рый – *welcher* bzw. *der* eingeleitet.

1. кото́рый als Subjekt

На фо́то учени́к, кото́р**ый** хорошо́ говори́т по-ру́сски.	Auf dem Foto ist der **Schüler**, **der** (welcher) gut russisch spricht.
На э́том фо́то моя́ ба́бушк**а**, кото́р**ая** живёт в Берли́не.	Auf diesem Foto ist meine **Oma**, **die** (welche) in Berlin lebt.
На фо́то однокла́сссник**и**, кото́р**ые** получи́ли приз.	Auf dem Foto sind die **Mitschüler**, **die** (welche) einen Preis bekommen haben.

2. кото́рый als Objekt

На фо́то **учени́к**, о кото́р**ом** говори́ла Ле́на.	Auf dem Foto ist der **Schüler**, über **den** (welchen) Lena sprach.
На фо́то ба́бушк**а**, кото́р**ую** я о́чень люблю́.	Auf dem Foto ist die **Oma**, **die** (welche) ich sehr gern habe.
На фо́то однокла́ссник**и**, с кото́р**ыми** я был в Петербу́рге.	Auf dem Foto sind die **Mitschüler**, mit **denen** (welchen) ich in Petersburg war.

R2 Durch den Relativsatz wird ein Substantiv oder Pronomen im Hauptsatz näher erklärt. Mit diesem Bezugswort stimmt кото́рый (wie im Deutschen) in **Genus** und **Numerus** überein. Als **Subjekt** steht кото́рый im **Nominativ**, als **Objekt** richtet es sich nach dem Kasus, den das **Verb**/die **Präposition** im Nebensatz erfordert.

⚠ Das Relativpronomen кото́рый wird wie ein **Adjektiv** mit **hartem** Stammauslaut dekliniert (§§ 46, 56).

Всё поня́тно?

1 Допо́лни диало́г. Вставь «Зи́мний» в ну́жной фо́рме.
– Ли́за, хо́чешь посмотре́ть? Когда́ я был в Петербу́рге, я сфотографи́ровал (1) дворе́ц.
– Како́й он краси́вый! А ты был в (2) дворце́?
– Был. Ле́на, а ты зна́ешь, что (3) дворе́ц тепе́рь музе́й?
– Зна́ю. Моя́ сестра́ о́чень интересу́ется (4) дворцо́м.

2 **а)** Hebe in jedem Satz hervor, dass du von Begebenheiten im Winter (*) schreibst. Setze dazu jeweils die richtige Form des entsprechenden Adjektivs ein.
1. Сего́дня прекра́сный * день.
2. Све́тит * со́лнце.
3. В э́ту прекра́сную пого́ду я е́ду в * Петербу́рг.
4. Там я покупа́ю мо́дную * оде́жду.
5. Мне идёт э́то * пальто́?
6. Я хочу́ носи́ть э́то * пальто́!
7. Э́та ша́пка подхо́дит к моему́ но́вому * пальто́!
8. Тебе́ нра́вятся мои́ но́вые * брю́ки?

б) Напиши́ о пого́де и поку́пках ле́том в неме́цком го́роде.

3 Spekuliere, wer als Nächste(r) vielleicht das Gleiche tun wird.
» Ке́вин уже́ гото́вится к контро́льной по матема́тике. (я) – Мо́жет быть, я то́же бу́ду гото́виться к контро́льной.
а) Моя́ сестра́ у́чится игра́ть на гита́ре. (я)
б) Ва́ня уча́ствует в ко́нкурсе неме́цкого языка́. (Та́ня)
в) Я занима́юсь исто́рией на́шего го́рода. (Ко́ля и Ди́ма)
г) Ле́на и Ки́ра ча́сто пи́шут еме́йлы. (мы)

4 Напиши́ 5 предложе́ний о пла́нах на ле́тние кани́кулы. Чем вы бу́дете занима́ться в э́то вре́мя, ты, твоя́ семья́, твои́ друзья́?

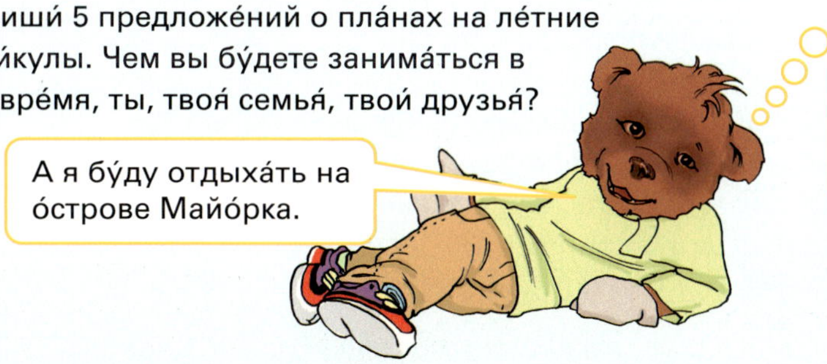

5 Вставь «кото́рый» в ну́жной фо́рме и угада́й что э́то.
а) Э́то дом с кабине́тами, в ■ у́чатся де́ти.
б) Э́то площа́дка, на ■ ученики́ игра́ют в футбо́л и в баскетбо́л.
в) Э́то мужчи́на, ■ рабо́тает в шко́ле и занима́ется ученика́ми.
г) Э́то предме́т, на ■ ученики́ у́чатся счита́ть и реша́ть математи́ческие зада́ния.
д) Э́то зада́ния, ■ учени́к до́лжен занима́ться до́ма.
е) Э́то аппара́т, на ■ мо́жно рабо́тать, учи́ться, писа́ть, игра́ть.

6 Umschreibe folgende Dinge und Personen mit einem Relativsatz.
а) Klassenraum **б)** Computerraum **в)** Turnhalle **г)** Bibliothek **д)** Werkunterricht **е)** Mitschüler **ж)** Mitschülerin **з)** Leser

▶ Die Lösungen findest du auf Seite 78.

I. und II. Deklination der Substantive (Singular und Plural) §§3, 45, 50, 51, 52

	Singular						
	I. Deklination				II. Deklination		
	maskulin		neutral		feminin		
	hart	weich	hart	weich	hart	weich	
	auf Konsonant	auf -ь, -й	auf -о	auf -е	auf -а	auf -я	auf -ия
Nom.	магази́н[1]	музе́**й**[1]	сло́в**о**[3]	мо́р**е**	газе́т**а**	неде́л**я**	фотогра́ф**ия**
Gen.	магази́н**а**	музе́**я**	сло́в**а**	мо́р**я**	газе́т**ы**[4]	неде́л**и**	фотогра́ф**ии**
Dat.	магази́н**у**	музе́**ю**	сло́в**у**	мо́р**ю**	газе́т**е**	неде́л**е**	фотогра́ф**ии**
Akk.	магази́н[2]	музе́**й**[2]	сло́в**о**[3]	мо́р**е**	газе́т**у**	неде́л**ю**	фотогра́ф**ию**
Instr.	магази́н**ом**[3]	музе́**ем**	сло́в**ом**[3]	мо́р**ем**	газе́т**ой**[3]	неде́л**ей**	фотогра́ф**ией**
Präp.	(о) магази́н**е**[5]	(о) музе́**е**	(о) сло́в**е**	(о) мо́р**е**	(о) газе́т**е**	(о) неде́л**е**	(о) фотогра́ф**ии**
	Plural						
Nom.	магази́н**ы**[4, 6]	музе́**и**[6]	слов**а́**	мор**я́**	газе́т**ы**[4]	неде́л**и**	фотогра́ф**ии**
Gen.	магази́н**ов**[3, 7]	музе́**ев**[7]	слов[8]	мор**е́й**	газе́т[8]	неде́л**ь**[8]	фотогра́ф**ий**
Dat.	магази́н**ам**	музе́**ям**	слов**а́м**	мор**я́м**	газе́т**ам**	неде́л**ям**	фотогра́ф**иям**
Akk.	магази́н**ы**[2, 4]	музе́**и**[2]	слов**а́**	мор**я́**	газе́т**ы**[2, 4]	неде́л**и**[2]	фотогра́ф**ии**[2]
Instr.	магази́н**ами**	музе́**ями**	слов**а́ми**	мор**я́ми**	газе́т**ами**	неде́л**ями**	фотогра́ф**иями**
Präp.	(о) магази́н**ах**	(о) музе́**ях**	(о) слов**а́х**	(о) мор**я́х**	(о) газе́т**ах**	(о) неде́л**ях**	(о) фотогра́ф**иях**

1 Ausfall des -**о**- oder -**е**- zwischen den beiden Endkonsonanten bei manchen Maskulina (ab Gen. Sg. in allen Singular- und Pluralformen), z. B. пода́р**о**к → пода́рка, д**е**нь → дня.

2 Belebt wie Gen., z. B. учени́к → ученика́ (Sg.)/ученико́в (Pl.), учи́тельница → учи́тельниц (Pl.).

3 Nach Zischlaut und ц stammbetont -**е**- (statt -**о**-), z. B. ме́сяц → ме́сяц**ем** (Instr. Sg.)/ме́сяц**ев** (Gen. Pl.), со́лнц**е** → со́лнц**ем** (Instr. Sg.), учи́тельница → учи́тельниц**ей** (Instr. Sg.).

4 Nach г, к, х und Zischlauten steht -**и** (statt -**ы**).

5 Einige Maskulina bilden den Präp. Sg. nach den Präpositionen **в**/**на** auf -**у́**, z. B. аэропо́рт → в аэропорт**у́**, бе́рег → на берег**у́**, борт → на борт**у́**, год → в год**у́**, лес → в лес**у́**, мост → на мост**у́**, пол → на пол**у́**, сад → в сад**у́**, шкаф → в шкаф**у́**.

6 Einige Maskulina bilden den Nom. Pl. auf betontes -**а́** oder -**я́**, z. B. бе́рег → берег**а́**, ве́чер → вечер**а́**, дире́ктор → директор**а́**, дом → дом**а́**, го́род → город**а́**, лес → лес**а́**, но́мер → номер**а́**, остров → остров**а́**, по́езд → поезд**а́**, учи́тель → учител**я́**.

7 Nach Zischlaut und weichem Konsonanten -**е́й**, z. B. эта́ж → этаж**е́й**, рубль → рубл**е́й**.

8 Einschub von -**о**- oder -**е**- zwischen die Endkonsonanten des Stammes, z. B. окно́ → о́к**о**н, письмо́ → пи́с**е**м, откры́тка → откры́т**о**к, де́вочка → де́воч**е**к.

Nach **Zischlaut** schreibe **и**, **у**, **а** und immer **и** nach **г**, **к**, **х**!

Nach **Zischlaut** oder **ц** statt unbetontem **о** schreib **е**!

Die Deklination der Adjektive (Singular und Plural) §§31, 33, 46, 56, 64, 67

	Singular					
	maskulin		neutral		feminin	
	hart	weich	hart	weich	hart	weich
Nom.	но́вый[1]	зи́мний	но́вое	зи́мнее	но́вая	зи́мняя
Gen.	но́вого	зи́мнего	но́вого	зи́мнего	но́вой	зи́мней
Dat.	но́вому	зи́мний	но́вому	зи́мнему	но́вой	зи́мней
Akk.	Nom./Gen.[2]	Nom./Gen.[2]	но́вое	зи́мнее	но́вую	зи́мнюю
Instr.	но́вым[1]	зи́мним	но́вым[1]	зи́мним	но́вой	зи́мней
Präp.	(о) но́вом	(о) зи́мнем	(о) но́вом	(о) зи́мнем	(о) но́вой	(о) зи́мней
	Plural					
Nom.	но́вые[1]	зи́мние	но́вые[1]	зи́мние	но́вые[1]	зи́мние
Gen.	но́вых[1]	зи́мних	но́вых[1]	зи́мних	но́вых[1]	зи́мних
Dat.	но́вым[1]	зи́мним	но́вым[1]	зи́мним	но́вым[1]	зи́мним
Akk.	Nom./Gen.[2]	Nom./Gen.[2]	Nom./Gen.[2]	Nom./Gen.[2]	Nom./Gen.[2]	Nom./Gen.[2]
Instr.	но́выми[1]	зи́мними	но́выми[1]	зи́мними	но́выми[1]	зи́мними
Präp.	(о) но́вых[1]	(о) зи́мних	(о) но́вых[1]	(о) зи́мних	(о) но́вых[1]	(о) зи́мних

1 Nach г, к, х und Zischlauten steht **-и** (statt **-ы**).

2 Nom. vor unbelebten, Gen. vor belebten Substantiven.

Die Deklination des Demonstrativpronomens э́тот §§38, 58

	Singular			Plural
	maskulin	neutral	feminin	m./n./f.
Nom.	э́тот	э́то	э́та	э́ти
Gen.	э́того[1]	э́того[1]	э́той	э́тих
Dat.	э́тому	э́тому	э́той	э́тим
Akk.	э́тот/э́того[2]	э́то	э́ту (!)	э́ти/э́тих[2]
Instr.	э́тим (!)	э́тим (!)	э́той	э́тими
Präp.	(об) э́том	(об) э́том	(об) э́той	(об) э́тих

1 Aussprache des г in ого wie [в].

2 Nom. vor unbelebten, Gen. vor belebten Substantiven.

Die Deklination der Personalpronomen §§ 24, 55

Nom.	я	ты	он/оно́	она́	мы	вы	они́
Gen.	меня́	тебя́	(н)его́	(н)её	нас	вас	(н)их
Dat.	мне	тебе́	(н)ему́	(н)ей	нам	вам	(н)им
Akk.	меня́	тебя́	(н)его́	(н)её	нас	вас	(н)их
Instr.	мной	тобо́й	(н)им	(н)ей	на́ми	ва́ми	(н)и́ми
Präp.	(обо) мне	(о) тебе́	(о) нём	(о) ней	(о) нас	(о) вас	(о) них

⚠ Nach Präpositionen wird den Pronomen он/оно́, она́, они́ ein **н-** vorangestellt, z.B. с ним.

Die Präpositionen (nach Kasus geordnet) § 65

Kasus	Präposition		Beispiel
Gen.	без	ohne *(Sache, Person)*	Я пью чай **без** са́хар**а**. Он живёт **без** роди́тел**ей**.
	для	für *(Sache, Person)*	Э́то пода́рок **для** ма́м**ы**. Э́то по́лка **для** книг.
	до	bis *(Ort, Zeit)*	Как дойти́ **до** вокза́л**а**? **До** у́жин**а** я чита́л кни́гу.
	из	aus (Ort)	Я **из** Берли́н**а**.
	напро́тив	gegenüber *(Ort)*	Музе́й нахо́дится **напро́тив** по́чт**ы**.
	о́коло	neben, bei *(Ort)*	Моя́ ко́мната нахо́дится **о́коло** ку́хн**и**.
	от	von *(Absender, Ort)*	Э́то письмо́ **от** Ко́л**и**. Стол стои́т спра́ва **от** окн**а́**.
	по́сле	nach *(Zeit)*	**По́сле** шко́л**ы́** я отдыха́ю.
	про́тив	gegen *(Vorhaben, Ziel)*	Я **про́тив** экску́рс**ии**.
	у	bei *(Ort)*, haben	Я **у** Ми́ш**и**. **У** Ли́з**ы** есть брат.
Dat.	к	zu *(Richtung, Zeit)*	Я иду́ **к** врач**у́**. **К** у́жин**у** ма́ма гото́вит пюре́.
	по	in *(Fach)*, durch *(Ort)*	За́втра у нас контро́льная **по** фи́зик**е**.
Akk.	в	in, nach, am	Я иду́ **в** кин**о́**. Я лечу́ **в** Ри́г**у**. **В** сре́д**у** пра́здник.
	за	für *(Gegenwert, Ziel)*	Я **за** э́тот план.
	на	auf, in, zu *(Richtung)*	Я смотрю́ **на** го́ст**я**. Я иду́ **на** конце́рт/**на** по́чт**у**.
	че́рез	über, durch *(Richtung)*,	Мы идём **через** у́лиц**у**.
		nach, in *(Zeit)*	Она́ получи́ла письмо́ **че́рез** ме́сяц.
Instr.	за	hinter *(Ort)*	**За** кре́сл**ом** сиди́т ко́шка.
	над	über *(Ort)*	Ла́мпа виси́т **над** стол**о́м**.
	пе́ред	vor *(Ort, Zeit)*	**Пе́ред** стол**о́м** стои́т кре́сло.
	под	unter *(Ort)*	Ко́шка лежи́т **под** стол**о́м**.
	ря́дом с	neben *(Ort)*	**Ря́дом с** ку́хн**ей** нахо́дится столо́вая.
	с	mit *(gemeinsam)*	Я говорю́ **с** учи́тел**ем**.
Präp.	в	in, im *(Ort, Zeit)*	Я живу́ **в** го́род**е**. **В** ма́**е** экску́рсия.
	на	auf, in, im *(Ort)*	Журна́л лежи́т **на** стол**е́**. Я живу́ **на** э́той у́лиц**е**.
	о	über, von *(Inhalt)*	Мы говори́м **о** Москв**е́**.

Häufig auftretende Verben

Aspekt	Infinitiv	Konjugation (я, ты, они́)	Präteritum	deutsch
uv.	быть	1. nur 3. Pers. Sg.: есть 2. бу́ду, бу́дешь, бу́дут	был, -á, -о, -и	1. sein 2. werden
vo.	взять	возьму́, возьмёшь, возьму́т	взял, -á, -о, -и	nehmen
uv.	встава́ть	встаю́, встаёшь, встаю́т	встава́л, -а, -о, -и	aufstehen
uv.	гото́вить	гото́влю, гото́вишь, гото́вят	гото́вил, -а, -о, -и	vorbereiten, kochen
uv.	е́здить *(unbest.)* *+ Instr.*/на *+ Präp.*	е́зжу, е́здишь, е́здят	е́здил, -а, -о, -и	fahren (mit)
uv.	есть	ем, ешь, ест, еди́м, еди́те, едя́т	ел, -а, -о, -и	essen
uv.	е́хать *(best.)* *+ Instr.*/на *+ Präp.*	е́ду, е́дешь, е́дут	е́хал, -а, -о, -и	fahren (mit)
uv.	ждать *+ Gen./Akk.*	жду, ждёшь, ждут	ждал, -á, -о, -и	warten (auf), erwarten
uv.	жела́ть *+ Dat.* *+ Gen.*	жела́ю, жела́ешь, жела́ют	жела́л, -а, -о, -и	(jdm. etw.) wünschen
uv.	жить	живу́, живёшь, живу́т	жил, -á, -о, -и	wohnen, leben
uv.	занима́ться *+ Instr.*	занима́юсь, занима́ешься, занима́ются	занима́лся, -ась, -ось, -ись	sich beschäftigen (mit)
uv.	звони́ть *+ Dat.*	звоню́, звони́шь, звоня́т	звони́л, -а, -о, -и	anrufen, telefonieren
uv.	игра́ть в *+ Akk.*, на *+ Präp.*	игра́ю, игра́ешь, игра́ют	игра́л, -а, -о, -и	(Spiel/Sport, Instrument) spielen
uv.	идти́ *(best.)*	иду́, идёшь, иду́т	шёл, шла, шло, шли	gehen
uv.	интересова́ться *+ Instr.*	интересу́юсь, интересу́ешься, интересу́ются	интересова́лся, -ась, -ось, -ись	sich interessieren (für)
uv.	лете́ть *(best.)* *+ Instr.*/на *+ Präp.*	лечу́, лети́шь, летя́т	лете́л, -а, -о, -и	fliegen (mit)
uv.	люби́ть	люблю́, лю́бишь, лю́бят	люби́л, -а, -о, -и	lieben, mögen
uv.	мочь	могу́, мо́жешь, мо́гут	мог, могла́, -о́, -и́	können
uv.	находи́ться	нахожу́сь, нахо́дишься, нахо́дятся	находи́лся, -ась, -ось, -ись	sich befinden
uv.	носи́ть	ношу́, но́сишь, но́сят	носи́л, -а, -о, -и	tragen
uv.	писа́ть	пишу́, пи́шешь, пи́шут	писа́л, -а, -о, -и	schreiben
uv.	пить	пью, пьёшь, пьют	пил, -á, -о, -и	trinken
uv.	поздравля́ть *+ Akk.* с *+ Instr.*	поздравля́ю, поздравля́ешь, поздравля́ют	поздравля́л, -а, -о, -и	(jdm. zu etw.) gratulieren
uv.	проводи́ть	провожу́, прово́дишь, прово́дят	проводи́л, -а, -о, -и	verbringen
uv.	сиде́ть	сижу́, сиди́шь, сидя́т	сиде́л, -а, -о, -и	sitzen
uv.	спать	сплю, спишь, спят	спал, -á, -о, -и	schlafen
uv.	сто́ить	*nur 3. Pers.*: сто́ит, сто́ят	сто́ил, -а, -о, -и	kosten
uv.	стоя́ть	стою́, стои́шь, стоя́т	стоя́л, -а, -о, -и	stehen
uv.	ходи́ть *(unbest.)*	хожу́, хо́дишь, хо́дят	ходи́л, -а, -о, -и	gehen
uv.	хоте́ть *+ Gen.*	хочу́, хо́чешь, хо́чет, хоти́м, хоти́те, хотя́т	хоте́л, -а, -о, -и	wollen

Die Grundzahlen §§ 2, 25, 61, 62

1	оди́н[1]	11	оди́ннадцать	20	два́дцать	100	сто
2	два[2]	12	двена́дцать	21	два́дцать оди́н[1]	101	сто оди́н[1]
3	три	13	трина́дцать	22	два́дцать два[2]	110	сто де́сять
4	четы́ре	14	четы́рнадцать	30	три́дцать	199	сто девяно́сто де́вять
5	пять	15	пятна́дцать	40	со́рок		
6	шесть	16	шестна́дцать	50	пятьдеся́т		
7	семь	17	семна́дцать	60	шестьдеся́т		
8	во́семь	18	восемна́дцать	70	се́мьдесят		
9	де́вять	19	девятна́дцать	80	во́семьдесят		
10	де́сять			90	девяно́сто		

[1] Je nach Genus des Bezugsworts gebrauche **оди́н** (теа́тр), **одно́** (я́блоко), **одна́** (буты́лка).
[2] Vor Maskulina und Neutra **два**, vor Feminina **две**.

Die Rektion der Grundzahlen		
1 + Nom. Sg.	**2, 3, 4 + Gen. Sg.**	**5–20 + Gen. Pl.**
оди́н учени́к	два ученика́	пять ученико́в
одно́ сло́во	два сло́ва	де́сять слов
одна́ газе́та	две газе́ты	сто газе́т

Bei zusammengesetzten Zahlwörtern ab 21 richten sich Numerus und Kasus des Substantivs nach dem **letzten Wort**, z. B. 191 кни́га.

Die Ordnungszahlen §§ 16, 39

1.	пе́рвый[1]	11.	оди́ннадцатый	21.	два́дцать пе́рвый
2.	второ́й	12.	двена́дцатый	22.	два́дцать второ́й
3.	тре́тий[2]	13.	трина́дцатый	23.	два́дцать тре́тий[2]
4.	четвёртый	14.	четы́рнадцатый	30.	тридца́тый
5.	пя́тый	15.	пятна́дцатый	31.	три́дцать пе́рвый
6.	шесто́й	16.	шестна́дцатый		
7.	седьмо́й	17.	семна́дцатый		
8.	восьмо́й	18.	восемна́дцатый		
9.	девя́тый	19.	девятна́дцатый		
10.	деся́тый	20.	двадца́тый		

[1] Endungen wie bei Adjektiven -ый (betont -о́й), -ое, -ая, -ые.
[2] Beachte die Sonderformen тре́тий, тре́тье, тре́тья, тре́тьи.

Урок 2

1 **а)** Э́то ты, Та́ня? **б)** Да, э́то я. **в)** А э́то ма́ма и па́па. **г)** Ма́ма – учи́тельница.
д) Па́па – учи́тель. **е)** Где вы? **ж)** Кто они́? **з)** Что там?

2 **а)** Ка́трин **б)** па́па **в)** ко́фе **г)** Ми́ша

3 **а)** три-два **б)** четы́ре-два **в)** оди́н-два **г)** шесть-три **д)** де́вять-во́семь
е) де́сять-пять **ж)** семь-семь **з)** пять-четы́ре

4 -**ы**: ка́рты, газе́ты, те́ксты, пробле́мы, компью́теры; -**а**: пи́сьма; -**и**: календари́, со́ки, рюкзаки́; кни́ги; –: ра́дио

5 1. Silbe: ма́ма, о́чень, э́то
2. Silbe: моро́женое, сосе́дка, футбо́л
3. Silbe: самова́р, сувени́ры, хорошо́
4. Silbe: Владивосто́к, Новосиби́рск

6 **а)** Как тебя́ зову́т? **б)** Ты Ви́ктор? **в)** Кто На́стя? **г)** Где И́ра? **д)** Э́то квас?

7 **а)** он, оно́, она́, он, он, она́, он, он, оно́
б) Кто вы? Где мы? Они́ то́же там? Где они́? Вы тури́сты? Они́ сосе́дки?

Урок 3

1 8 Infinitive: учи́ть, писа́ть, идти́, реша́ть, де́лать, помога́ть, чита́ть, говори́ть

2 **а)** говорю́ (и-Konjugation) **б)** чита́ю (е-Konjugation)
в) люблю́ (nur hier л-Einschub) **г)** рабо́тать (е-Konjugation)

3 чита́ть (siehe § 9), идти́ (siehe § 9), говори́ть (siehe § 11)

4 **а)** чита́ть: де́лать, ду́мать, знать, игра́ть, помога́ть, рабо́тать, реша́ть, отдыха́ть, слу́шать
б) говори́ть: стоя́ть

5 **а)** Я учу́ ру́сский язы́к. Я де́лаю уро́ки. Я сижу́ в Интерне́те. Я смотрю́ фильм. Я игра́ю в футбо́л. Я слу́шаю му́зыку. Я пишу́ письмо́.
б) Вы лю́бите футбо́л? Вы слу́шаете поп-му́зыку? Вы у́чите ру́сский язы́к? Вы помога́ете до́ма?

6 *Lösungsvorschlag:* Akkusativ: идти́ в (шко́лу), чита́ть (журна́л), слу́шать (му́зыку), люби́ть (футбо́л), идти́ на (конце́рт); Präpositiv: рабо́тать в (библиоте́ке), говори́ть (о шко́ле), писа́ть (о трениро́вке)

7 Ле́на лю́бит му́зыку. Она́ идёт на конце́рт. Конце́рт в теа́тре. Ири́на то́же на конце́рте. Ви́ктор идёт в спортза́л. В спортза́ле уже́ Макси́м.

8 *Individuelle Lösungen.*

9 Grundzahlwörter (siehe § 2), Ordnungszahlwörter (siehe § 16)

10 **а)** Куда́ она́ идёт? **б)** Что она́ де́лает? **в)** Что они́ лю́бят? **г)** О чём он говори́т?

11 **а)** 1. Я чита́ю не журна́л, а газе́ту.
2. Мы идём не в кино́, а на конце́рт.
3. Не Ли́за рабо́тает в библиоте́ке, а А́ня.
4. Они́ пи́шут не e-mail, а рефера́т.

б) 1. Я не чита́ю журна́л.
2. Мы не идём в кино́.
3. Ли́за не рабо́тает в библиоте́ке.
4. Они́ не пи́шут e-mail.

Урок 4

1 offizielle Anrede: Алекса́ндр, А́нна, Влади́мир, Еле́на, Ива́н, Серге́й, Татья́на
in der Familie/unter Freunden: Са́ша, А́ня, Воло́дя, Во́ва, Ле́на, Ва́ня, Серёжа, Та́ня
liebevolle Anrede: Са́шенька, Аню́та, Воло́денька, Во́вчик, Ле́ночка, Ваню́ша, Серёженька, Та́нечка

2 Großvater (д), Vater (б), Mutter (г), Tochter (в), Sohn (а)

3 **а)** *Lösungsvorschlag:* Э́то моя́ ма́ма. Э́то мой па́па. Э́то моя́ сестра́. Э́то мой брат.
б) 1. Э́то твоя́ су́мка? 2. Э́то твой пена́л? 3. Э́то твой каранда́ш? 4. Э́то твоя́ ру́чка? 5. Э́то твой уче́бник? 6. Э́то твоё фо́то? 7. Э́то твой ци́ркуль? 8. Э́то твоя́ лине́йка?

4 **а)** У меня́ есть газе́та. **в)** У меня́ есть письмо́. **д)** У тебя́ есть су́мка?
б) У тебя́ есть журна́л? **г)** У меня́ есть календа́рь. **е)** У тебя́ есть компью́тер?

5 **а)** Да (Нет), я ча́сто (не) помога́ю ей. **б)** Да (Нет), я (не) зна́ю его́. **в)** Да (Нет), я сейча́с (не) иду́ к ней. **г)** Да (Нет), косме́тика э́то (не) суве́ни́р для неё. **д)** Да (Нет), я (не) ча́сто звоню́ ему́. **е)** Да (Нет), э́то (не) далеко́ до него́.

6 **а)** У Ле́ны нет бра́та. **в)** У Ве́рочки нет компью́тера. **д)** У И́горя нет ци́ркуля.
б) У Макси́ма нет сестры́. **г)** У Ди́мы нет ко́шки. **е)** У И́ры нет ра́дио.

7 **а)** Ско́лько лет Ива́ну Ива́новичу Ивано́ву? – Ива́ну Ива́новичу Ивано́ву 59 лет.
б) … ма́ме? – Ма́ме 34 го́да. **в)** … па́пе? – Па́пе 37 лет. **г)** … А́нне? – А́нне 13 лет.
д) … Бори́су? – Бори́су 15 лет.

8 **а)** 2 часа́ 20 мину́т **б)** 5 часо́в 15 мину́т **в)** 13 часо́в 30 мину́т **г)** 14 часо́в две мину́ты
д) 19 часо́в 41 мину́та **е)** 20 часо́в 44 мину́ты **ж)** 21 час 45 мину́т **з)** 22 часа́ 3 мину́ты

Урок 5

1 **а)** Макси́м говори́т с Ири́ной. **б)** Ле́на говори́т с Та́ней. **в)** Ви́тя говори́т с Са́шей.
г) Ве́ра говори́т с И́горем. **д)** Ди́ма говори́т с бра́том. **е)** И́ра говори́т с сестро́й.
ж) Учи́тель говори́т с учени́цей. **з)** Тре́нер говори́т с Макси́мом.

2 **а)** Мне, пожа́луйста, чай с лимо́ном. **б)** … чай с са́харом. **в)** … чай с варе́ньем.
г) … ко́фе с са́харом. **д)** … кака́о с молоко́м. **е)** … борщ со смета́ной.
ж) … щи со смета́ной. **з)** … пельме́ни с ма́слом.

3 **а)** Чем ты занима́ешься в свобо́дное вре́мя? – Я занима́юсь му́зыкой.
б) Ма́ма и па́па то́же занима́ются му́зыкой? – Да (Нет), они́ то́же (не) занима́ются му́зыкой.
в) Кто в семье́ ещё занима́ется му́зыкой? – Мой брат то́же занима́ется му́зыкой.
г) Где вы занима́етесь? – Мы занима́емся до́ма.

4 **а)** Я (не) занима́юсь велоспо́ртом. **б)** Моя́ сестра́ (не) занима́ется му́зыкой.
в) Мои́ роди́тели (не) занима́ются волейбо́лом. **г)** Мы (не) занима́емся футбо́лом.
д) Ты (не) занима́ешься бале́том. **е)** Мой брат (не) занима́ется баскетбо́лом.

5 **а)** Кака́я больша́я/ма́ленькая матрёшка! **б)** Како́е большо́е/ма́ленькое я́блоко!
в) Како́й большо́й/ма́ленький календа́рь! **г)** Каки́е ма́ленькие де́ти!

6 **а)** Я (не) зна́ю инжене́ра, диза́йнера, музыка́нта, дру́га И́ры, Анто́на Серге́евича.
б) Я (не) люблю́ Макси́ма, Бори́са, бра́та, рэ́пера, тре́нера, Ши́ллера, Пу́шкина.

7 **а)** Кака́я? Кра́сная? Нет, зелёная. **б)** Каки́е? Жёлтые? Нет, голубы́е.
в) Како́е? Чёрное? Нет, бе́лое. **г)** В како́м? В жёлтом? Нет, в ро́зовом.
д) В како́й? В зелёной? Нет, в голубо́й.

8 **а)** У Та́ни нет кра́сной ю́бки. **б)** У Бори́са нет жёлтого ша́рфа.
в) У Анто́на нет чёрного пальто́. **г)** У учи́теля нет бе́лой ке́пки.
д) У учи́тельницы нет голубо́го сви́тера.

Урок 6

1 **а)** bestimmt: е́хать, идти́, лете́ть **б)** unbestimmt: е́здить, лета́ть, ходи́ть
2 **а)** 1. идёшь 2. иду́ 3. идёшь 4. иду́ 5. хо́дишь 6. ходи́ть
б) 1. е́дешь 2. е́ду 3. е́дешь 4. е́ду 5. е́здишь 6. е́здить
3 **а)** лета́ть – … я (не) люблю́ лета́ть. **б)** лети́шь – Сего́дня я лечу́ в …
в) лета́ешь в … – Да (нет), я ча́сто лета́ю в … **г)** лети́шь от … до … – Я лечу́ …
4 **а)** Ли́за ещё не хо́дит. **б)** Ма́ша уже́ хо́дит. **в)** Бори́с идёт в шко́лу.
г) Ко́ля е́дет на велосипе́де в шко́лу.
5 **а)** Ско́лько сто́ит футбо́лка?
Ско́лько сто́ит журна́л?
Ско́лько сто́ят ке́пки?
Ско́лько сто́ит ру́чка?
Ско́лько сто́ит кни́га?
Ско́лько сто́ит схе́ма метро́?
Ско́лько сто́ит календа́рь?
Ско́лько сто́ят матрёшки?
б) Футбо́лка сто́ит 59 рубле́й.
Журна́л сто́ит 31 рубль.
Ке́пки сто́ят 46 рубле́й.
Ру́чка сто́ит 24 рубля́.
Кни́га сто́ит 48 рубле́й.
Схе́ма метро́ сто́ит 32 рубля́.
Календа́рь сто́ит 55 рубле́й.
Матрёшки сто́ят 60 рубле́й.
6 Здесь нет … **а)** шко́лы **б)** бути́ка **в)** теа́тра **г)** са́дика **д)** кино́ **е)** рестора́на
ж) дискоте́ки **з)** библиоте́ки **и)** кафе́ **к)** стадио́на.
7 **а)** Недалеко́ от э́той шко́лы? **б)** В э́том за́ле? **в)** В э́том до́ме? **г)** На э́той у́лице?
д) Недалеко́ от э́того музе́я? **е)** Недалеко́ от э́той шко́лы?

Урок 7

1 **а)** пятна́дцатая у́лица **б)** в двадца́той шко́ле **в)** оди́ннадцатый класс
г) ученики́ двена́дцатого кла́сса **д)** шестна́дцатое зада́ние **е)** на тридца́той неде́ле
ж) на три́дцать пя́том авто́бусе **з)** четы́рнадцатого ма́я
2 **а)/б)** *Individuelle Lösungen.* **в)** Восьмо́го ма́рта. **г)** Пе́рвого января́.
3 *Lösungsvorschlag:* Я хочу́ спать. Моя́ сестра́ хо́чет петь. Де́ти хотя́т слу́шать му́зыку.
Ты хо́чешь гуля́ть? Вы хоти́те смотре́ть фильм? Мы хоти́м игра́ть с дру́гом.
4 **а)** На фо́то Соколо́вы. А вот их де́ти. **б)** Ле́на – однокла́ссница Макси́ма. Её сестра́ – студе́нтка в Берли́не. А вот её друг. **в)** Алексе́й – студе́нт. Его́ брат – журнали́ст.
5 **б)** Э́то мы с отцо́м. Отца́ зову́т… Отцу́ … год/го́да/лет. У отца́ есть …/нет …
Я о́чень/не о́чень люблю́ отца́.
6 **он:** был, лежа́л, занима́лся; **она́:** была́, лежа́ла, занима́лась;
оно́: бы́ло, лежа́ло; **они́:** бы́ли, лежа́ли, занима́лись
7 **он:** б), в); **она́:** а), г)
8 **а)** был/была́ **б)** бы́ли **в)** был/была́ **г)** был **д)** была́ **е)** бы́ли
9 **б)** И́ра отдыха́ла у де́душки. Она́ слу́шала му́зыку. Она́ гуля́ла по па́рку. Она́ мно́го занима́лась литерату́рой. Она́ ча́сто помога́ла де́душке. Они́ всегда́ вме́сте гото́вили обе́д. Де́душка ча́сто расска́зывал о Москве́.

Урок 8

1 **1./2.** а) в Росси́и/в Герма́нии? б) Росси́я/Герма́ния? в) Росси́ей/Герма́нией? г) Росси́ю/Герма́нию? д) в Росси́и/в Герма́нии? е) Росси́и/Герма́нии? ж) о Росси́и/Герма́нии? з) в Росси́ю/Герма́нию? и) по Росси́и/Герма́нии? к) из Росси́и/Герма́нии?

2 **1./2./3.** а) Ю́лию/Ли́дию/Викто́рию б) Ю́лии/Ли́дии/Викто́рии в) Ю́лии/Ли́дии/Викто́рии г) Ю́лией/Ли́дией/Викто́рией д) У Ю́лии/Ли́дии/Викто́рии есть брат, а нет сестры́. е) Ю́лии/Ли́дии/Викто́рии … год/го́да/лет.

3 **а)** поэ́тому **б)** домо́й **в)** говори́м

4 краси́вом/отли́чная/кла́ссную/бо́льшой/но́вой/спорти́вном/Чёрного

5 1. америка́нской 2. францу́зской 3. неме́цкую 4. по́льского 5. ру́сским 6. неме́цкому 7. ру́сского 8. америка́нскому

6 **а)** Каку́ю газе́ту? **б)** О како́м теа́тре? **в)** Како́й журна́л? **г)** Како́й литерату́рой? **д)** В како́е кино́? **е)** До како́го магази́на? **ж)** Како́му Ви́ктору? **з)** Каку́ю Ю́лию?

7 **а)** 1. **б)** 2. **в)** 1. **г)** 2. **д)** 2.

8 **а)** (1/2) де́лал(а) → Verlauf (3) сде́лал(а) → Ergebnis
б) (1) расска́зывала → Verlauf (2) рассказа́ла → Ergebnis

9 **а)** (1) встава́л(а) → Wiederholung (2/3) вста́л(а) → Einmaligkeit
б) (1/2) звони́л → Wiederholung (3) позвони́л → Einmaligkeit

10 **а)** (1) Ira, was hast du gestern Abend gemacht? – Ich habe einen Brief nach Hause geschrieben. → Verlauf der Handlung
(2) Hast du den Brief lange geschrieben? – Eine Stunde lang. → Dauer der Handlung
(3) Hast du den Brief fertig geschrieben? – Ja, ich habe ihn fertig geschrieben. → Ergebnis der Handlung
(4) Schreibst du oft Briefe? – Nein, gewöhnlich schreibe ich E-Mails oder SMS. → Präsens: nur unvollendeter Aspekt
б) (1) И́ра, что ты де́лала вчера́ ве́чером ? – Я читала кни́гу/покупа́ла пода́рок.
(2) Ты до́лго чита́ла кни́гу/покупа́ла пода́рок? – Час.
(3) Ты прочита́ла кни́гу/купи́ла пода́рок? – Да, прочита́ла/купи́ла.
(4) Ты ча́сто чита́ешь кни́ги/покупа́ешь пода́рки? – Нет, обы́чно чита́ю журна́лы/покупа́ю оде́жду.

Урок 9

1 **а)** номера́, учителя́ **б)** города́, дома́ **в)** ученики́, одноклáссники **г)** музе́и, трамва́и

2 … теа́тров, конце́ртов, музе́ев, собо́ров, дворцо́в, фонта́нов, рестора́нов, дискоте́к, кино́, универма́гов, магази́нов, бути́ков, библиоте́к, авто́бусов, трамва́ев, корабле́й, враче́й.

3 **а)** Я приглаша́ю на день рожде́ния ма́льчиков из кла́сса/однокла́ссников/однокла́ссниц/подру́г.
б) Я помога́ю однокла́ссникам/роди́телям/тури́стам из Росси́и/учени́цам из Берли́на/учи́тельницам/учителя́м.
в) О шко́ле я ча́сто говорю́ с однокла́ссниками/однокла́ссницами/роди́телями/учи́тельницами/учителя́ми.
г) На уро́ке мы говори́м о кани́кулах/кни́гах/рефера́тах/те́кстах/об уро́ках/об экску́рсиях.
д) Я ча́сто звоню́ однокла́ссникам/однокла́ссницам/роди́телям.
е) Я собира́ю грибы́/кни́ги/сувени́ры/откры́тки/те́ксты/фотогра́фии.
ж) Я занима́юсь кни́гами/сувени́рами/откры́тками/рефера́тами/те́кстами/фотогра́фиями.

з) В пи́сьмах и еме́йлах я пишу́ о кани́кулах/о кни́гах/о ма́льчиках в кла́ссе/о сувени́рах/об однокла́ссниках/об однокла́ссницах/о фотогра́фиях/об экску́рсиях.

4 **а)** Да, с ним./Нет, не с ним, (я иду́ с …). **б)** Да, я ча́сто ду́маю о нём./Нет не о нём (а о …). **в)** Да, с ней./Нет, не с ней, (я сего́дня сижу́ в ча́те с …). **г)** Да, мы говори́м о ней./Нет, мы не говори́м о ней, (а о …). **д)** Да, я иду́ с ни́ми./Нет, я не иду́ с ни́ми (, я иду́ с …).

5 **а)** кто **б)** что **в)** о ком **г)** кому́ **д)** чем **е)** у кого́ **ж)** с кем **з)** кого́

6 **а)** И́ра хо́чет загора́ть на пля́же. **б)** Ко́ля, Ле́на и Ви́тя хотя́т игра́ть в ка́рты.
в) Мы хоти́м купа́ться в мо́ре. **г)** Вы хоти́те гуля́ть по ле́су.
д) Де́вочки хотя́т собира́ть грибы́. **е)** Тре́нер хо́чет лови́ть ры́бу.

7 фотографи́рую/(с)фотографи́ровала/фотографи́руют/дискути́руем/дискути́ровать/дискути́рую/танцу́ем

Урок 10

1 **а)** 1. О каки́х магази́нах …? 2. О каки́х музыка́нтах …? 3. О каки́х музе́ях …? 4. О каки́х рестора́нах …? 5. О каки́х па́рках …? 6. О каки́х те́кстах …? 7. О каки́х ги́дах …?
б) 1. Каки́е магази́ны? 2. Каки́х музыка́нтов? 3. Каки́ми музе́ями?
4. От каки́х рестора́нов? 5. В каки́х па́рках? 6. Каки́е те́ксты? 7. К каки́м ги́дам?

2 *Individuelle Lösungen.*

3 **а)** И́ра должна́ пойти́ к врачу́. Она́ должна́ гуля́ть по па́рку. Она́ должна́ мно́го спать.
б) Я до́лжен/должна́ отве́тить на приглаше́ние. Я до́лжен/должна́ купи́ть пода́рок. Я до́лжен/должна́ написа́ть поздравле́ние.
в) Та́ня и Макс должны́ гото́вить рюкзаки́. Они́ должны́ пое́хать на вокза́л. Они́ должны́ купи́ть биле́ты.

4 **а)** э́ту ба́шню/э́тот мост/э́ти магази́ны/э́то ме́сто на берегу́? **б)** э́тими собо́рами/э́тим краси́вым до́мом/э́той ста́рой библиоте́кой? **в)** до э́той у́лицы/э́тих па́мятников/э́того но́вого кино́/э́того ры́нка? **г)** к э́тому врачу́/э́тим учителя́м/э́тому дру́гу/э́той де́вочке? **д)** об э́том па́рке /э́той гости́нице/э́тих ба́шнях Кремля́/э́том метро́?

5 *Lösungsvorschlag:* Я могу́/ты (то́же) мо́жешь/вы мо́жете/Ле́на мо́жет/Ке́вин и Са́ндра мо́гут уча́ствовать в э́том ко́нкурсе. Ба́бушка не мо́жет/роди́тели не мо́гут/учи́тельница ру́сского языка́ не мо́жет/директор шко́лы не мо́жет уча́ствовать в ко́нкурсе.

6 1. могла́ 2. мог 3. могли́

Урок 11

1 **1.** а) Чита́й, пожа́луйста, текст. б) Де́лай в) Пиши́ г) Говори́ д) Занима́йся е) Про́буй ж) Иди́ з) Отдыха́й и) Гото́вь
2. а) Чита́йте, пожа́луйста, те́кст. б) Де́лайте в) Пиши́те г) Говори́те д) Занима́йтесь е) Про́буйте ж) Иди́те з) Отдыха́йте и) Гото́вьте

2 **а)** сто **б)** семь **в)** одно́ **г)** две **д)** сто **е)** пять **ж)** три

3 **а)** со́рок плюс три́дцать бу́дет се́мьдесят **б)** со́рок плюс во́семьдесят ми́нус три́дцать бу́дет девяно́сто **в)** со́рок оди́н плюс пятьдеся́т де́вять бу́дет сто **г)** три́дцать три плюс со́рок семь бу́дет во́семьдесят **д)** сто ми́нус шестьдеся́т бу́дет со́рок **е)** сто шестьдеся́т пять ми́нус сто два́дцать пять плюс во́семьдесят ми́нус девяно́сто бу́дет три́дцать

4 **а)/б)** ско́лько/пять вокза́лов, музе́ев, дворцо́в, шко́л, кино́, ры́нков, спортплоща́док **в)** 42 (два) вокза́ла, (два) музе́я, (два) дворца́, (две) шко́лы, (два) кино́, (два) ры́нка, (две) спортплоща́дки **г)** 81 (оди́н) вокза́л, (оди́н) музе́й, (оди́н) дворе́ц, (одна́) шко́ла, (одно́) кино́, (оди́н) ры́нок, (одна́) спортплоща́дка **д)** мно́го домо́в, парфюме́рий, суперма́ркетов, кио́сков, маши́н, кино́ **е)/ж)** ма́ло/не́сколько бана́нов, помидо́ров, лу́ка, виногра́да, огурцо́в, соси́сок, яи́ц

5 **а)** Мне на́до отве́тить ему́/Са́ше. **б)** Тебе́/Ви́ктору уже́ на́до у́жинать. **в)** Ему́/Ко́ле на́до купи́ть моби́льник. **г)** Им/Та́не и И́ре на́до е́хать туда́ на авто́бусе.

6 **а)** Да, тебе на́до позвони́ть ей. Сейча́с она́ до́ма. **б)** Нам обяза́тельно на́до купи́ть проду́кты. Ма́ма их ещё не купи́ла. **в)** Им обяза́тельно на́до сде́лать уро́ки. Они́ их не сде́лали в шко́ле. **г)** Ей обяза́тельно на́до встре́титься с Бори́сом. Он её брат.

7 Ми́шка нахо́дится 1. пе́ред рюкзако́м. 2. за рюкзако́м. 3. под рюкзако́м. 4. над рюкзако́м. 5. в рюкзаке́. 6. на рюкзаке́. 7. ря́дом с рюкзако́м. 8. напро́тив рюкзака́.

8 **а)** 1. твоя́ газе́та/твоё письмо́/твой план го́рода 2. твою́ газе́ту/твой план го́рода/твою́ ру́чку 3. о твое́й шко́ле/о твоём кла́ссе/о твоём люби́мом учи́теле 4. твоему́ бра́ту/твоему́ дру́гу/твое́й подру́ге 5. твое́й пробле́мой/твои́м письмо́м/твои́м рефера́том 6. на твоём пиани́но/на твое́й балала́йке/на твоём компью́тере

б) 1. ваш журна́л/ва́ша газе́та/ва́ше письмо́/ваш план го́рода 2. ваш журна́л/ва́шу газе́ту/ваш план го́рода/ва́шу ру́чку 3. о ва́шем го́роде/о ва́шей шко́ле/о ва́шем кла́ссе/о ва́шем люби́мом учи́теле 4. Позвони́те ва́шей сестре́/ва́шему бра́ту/ва́шему дру́гу/ва́шей подру́ге. 5. ва́шим вопро́сом/ва́шей пробле́мой/ва́шим письмо́м/ва́шим рефера́том 6. на ва́шей гита́ре/на ва́шем пиани́но/на ва́шей балала́йке/на ва́шем компью́тере

Уро́к 12

1 1. Зи́мний 2. Зи́мнем 3. Зи́мний 4. Зи́мним

2 **а)** 1. зи́мний 2. зи́мнее 3. зи́мний 4. зи́мнюю 5./6. зи́мнее 7. зи́мнему 8. зи́мние

б) *Lösungsvorschlag:* Сего́дня прекра́сный ле́тний день. Све́тит ле́тнее со́лнце. В э́ту прекра́сную пого́ду я е́ду в ле́тний Берли́н. Там я покупа́ю мо́дную ле́тнюю оде́жду. Смотри́ на фотогра́фии. Мне идёт э́то ле́тнее пальто́? Я хочу́ носи́ть э́то ле́тнее пальто́! Э́та ке́пка подхо́дит к моему́ но́вому ле́тнему пальто́? Тебе́ нра́вятся мои́ но́вые ле́тние брю́ки?

3 Мо́жет быть, **а)** я то́же бу́ду учи́ться игра́ть … **б)** Та́ня то́же бу́дет уча́ствовать в … **в)** Ко́ля и Ди́ма то́же бу́дут занима́ться … **д)** мы то́же бу́дем писа́ть …

4 *Individuelle Lösungen.*

5 **а)** кото́рых (шко́ла) **б)** кото́рой (спортплоща́дка) **в)** кото́рый (учи́тель) **г)** кото́ром (матема́тика/а́лгебра) **д)** кото́рыми (уро́ки/дома́шние зада́ния) **е)** кото́ром (компью́тер)

6 **а)** Э́то больша́я ко́мната, в кото́рой у́чатся учени́цы и ученики́. **б)** Э́то кабине́т, в кото́ром ученики́ рабо́тают на компью́терах. **в)** Э́то ме́сто в шко́ле, в кото́ром мо́жно занима́ться спо́ртом. **г)** Э́то ме́сто, в кото́ром мо́жно чита́ть и получа́ть кни́ги, журна́лы и газе́ты. **д)** Э́то предме́т, на кото́ром ученики́ у́чатся де́лать скаме́йки и по́лки. **е)** Э́то ма́льчик, кото́рый у́чится со мно́й в кла́ссе. **ж)** Э́то де́вочка, кото́рая у́чится со мно́й в кла́ссе. **з)** Э́то челове́к, кото́рый чита́ет кни́ги и ча́сто посеща́ет библиоте́ку.

Du findest hier die Fachbegriffe, die im **Grammatischen Beiheft** verwendet werden sowie einige kursiv (*schräg*) gedruckte Wörter, deren Wiedergabe im Russischen Besonderheiten aufweist.
Die Tilde (~) ersetzt jeweils das fett gedruckte Stichwort.
Der Pfeil (→) zeigt dir, unter welchem lateinischen Stichwort du die gesuchte Information findest.
Die Zahlen beziehen sich auf die Paragrafen im **Grammatischen Beiheft**.